生命之书 / 03

内观

葛印卡教授的解脱之道

威廉·哈特（William Hart）著
台湾内观禅修基金会翻译小组 译

海南出版社
HAINAN PUBLISHING HOUSE

The Art of Living: Vipassana Meditation as Taught by S. N. Goenka
by William Hart

版权合同登记号：图字：30-2014-053 号
图书在版编目（CIP）数据
内观 /（美）哈特（Hart,W.）著；台湾内观禅修基金会翻译小组 译．—海口：海南出版社，2009.8（2018.11 重印）
书名原文：The Art of Living: Vipassana Meditation
ISBN 978-7-5443-3064-0
Ⅰ．内…　Ⅱ．①哈…②台…　Ⅲ．禅宗—通俗读物　Ⅳ．B946.5-49
中国版本图书馆 CIP 数据核字（2009）第 088949 号

内观

作　　者：［美］威廉·哈特（William Hart）
译　　者：台湾内观禅修基金会翻译小组
策划编辑：柯祥河
责任编辑：柯祥河　张　雪
装帧设计：第三工作室
责任印制：杨　程
印刷装订：三河市祥达印刷包装有限公司
读者服务：武　铠
出版发行：海南出版社
总社地址：海口市金盘开发区建设三横路 2 号 邮编：570216
北京地址：北京市朝阳区黄厂路 3 号院 7 号楼 102 室
电　　话：0898-66830929 010-010-87336670
电子邮箱：hnbook@263.net
经　　销：全国新华书店经销
出版日期：2009 年 8 月第 1 版　2018 年 11 月第 16 次印刷
开　　本：787mm×1092mm　1/16
印　　张：16
字　　数：200 千
书　　号：ISBN 978-7-5443-3064-0
定　　价：42.00 元

目　　录

目　录

序　言

活得安详与快乐

我永远感激内观法为我的生命带来的转变。当我第一次学到这个方法，感觉像是从迷宫中终于找到了一条康庄大道。从那之后，我顺着这条大道，每向前迈进一步，目标就变得愈明显：从所有的痛苦中解脱出来，达到全然的觉悟。我不自称已经达到最终的目标，但我毫不怀疑，这条大道直接通往那个目标。

我永远感激我的老师萨亚吉·乌巴庆，以及历代的恩师，他们将此方法，从佛陀的时代一直保留下来，传授给我。我谨代表历代的老师，鼓励大家步上这条道路，从而发现到脱离痛苦的方法。

虽然已有数以千计的西方人学过这个方法，到目前为止，尚无一本书详尽而确切地叙述这个内观法。我很高兴终于有一位认真的内观者，担负起填补这个缺憾的任务。

愿此书能加深内观者对内观的了解。

愿它能鼓励大家尝试这个方法，让他们也得以体验解脱的快乐。

愿每位阅读本书的人都学到生活的艺术，找到内在的安详与和谐，并且为他人带来安详与和谐。

愿一切众生快乐！

S. N. 葛印卡

孟买

1986 年 4 月

前　言

葛印卡教授的内观

在今日世界种类繁多的禅修方法中，葛印卡老师所教导的内观法是与众不同的。这种方法简单、合乎逻辑，可以让我们得到真正的安详，过着快乐、有益的生活。虽然内观法长久以来保存于缅甸的佛教团体中，但它本身不含丝毫的宗教色彩，任何背景的人都可以接受它、运用它。

葛印卡老师是退休的企业家，曾经是缅甸的印度侨领。他出生于传统的印度教家庭，自年轻即患有严重的偏头痛。在遍寻良方的因缘下，于 1955 年遇到萨亚吉・乌巴庆老师。乌巴庆老师是众所皆知的资深政府要员，私底下则是教导内观的老师。葛印卡老师跟随乌巴庆老师学习内观时，他发现这个方法，不仅超越了肉体上的疾病，而且还超越了文化与宗教的藩篱。接下来的岁月里，他在老师的指导下练习、研究，内观逐渐转化了他的生活。

1969 年，葛印卡老师由乌巴庆老师授权，成为内观法的指导老师。同年，他回到印度，开始教导内观，将这个方法重新引入其发源地。在印度这个种姓制度及各个宗派强烈对立的国家，葛印卡老师的课程吸引了数以千计来自不同背景的人。也有许多西方人，被这个实用的方法所吸引，而参加了内观课程。

葛印卡老师本人，就是内观特质的最佳例证。他是一个实事求是的人，能机智敏锐地处理日常事务，又能在任何情况之下，保持超凡的平静心。平静之外，并对众生深具慈悲，对任何人都能悲悯其情。他绝不是不苟言笑的严肃长者。他的幽默感，展现在他的教导当中。参加过课程的学生都难以忘怀他爽朗的笑声以及他常挂在嘴边的话："要快乐!"很显然，内观为他带来了快乐。他殷切地希望，借着教导大家这个方法，来与大家分享他的快乐，因为内观使他受益良多。

尽管葛印卡老师极具吸引力，但他并不希望弟子对他唯命是从。相反的，他教导学生要对自己负责。他说内观真正的考验，是在生活中。他鼓励修习内观的人，不要只是一味静坐，而应该走出去，快快乐乐地过活。他避免所有对他的个人崇拜，要学生专心致力于这个方法，发掘内在的实相。

在缅甸，从传统上教导禅修一直是出家人的职责。然而，就如同他的老师一样，葛印卡老师是一位在家人，而且是一个大家族的一家之长。不过，他清晰的教导，以及方法本身的效果，已经赢得缅甸、印度、斯里兰卡的资深法师的认同，有些法师并曾在他的指导之下，参加了内观课程。

为了保持方法的纯净，葛印卡老师坚持，禅修绝不可变成做生意。他所指导的课程以及内观中心，都是完全非盈利性的。他本人对所做的工作无论直接或间接都不收取任何报酬；他授权那些代表他指导内观课程的助理老师也是义务服务。他弘扬内观法，纯然是对众生的服务，是为了帮助需要帮助的人。

葛印卡老师是少数在印度与西方都极受尊崇的印度精神领袖之一。然而，他从不自我宣传，宁愿靠口耳相传来传播内观的好处。而且他一再强调，实际练习内观，比著书立说来得重要。因此，他虽然指导那么多人，但并不那么广为人知。这本书是第一本在他的指导与认可之下，有关内观的完整研究。

本书的主要资料来源，是葛印卡老师在十日内观课程中的开示，其他则是参考他的英文文章。我很自由地运用这些资料，不仅借用他的说法及架构，同时也引用了开示中所举的例子，而且通常是同样的用字，甚至引用整个句子。对于参加过葛印卡老师内观课程的人而言，一定会对本书的大部分觉得熟悉，他们甚至可以认出，书中某个部分是出自哪一场开示或哪一篇文章。

在课程当中，老师的开示是一步一步地随着学员的体验而讲的。但为了有益于那些只阅读但不一定学习过的人，本书内容已重新安排。对于这样的读者，我尝试将内容像是亲身体验一样地呈现出来：合乎逻辑而不间断地从第一个步骤到最终的目标。这种有组织的整体性，对内观者而言是明显易见的，但本书试着让没有学过的人，也能一窥内观的堂奥。

某些段落刻意保留了说话的语气，目的是要生动地传达葛印卡老师授课方式的印象。这些段落包括各章之间的故事，每章结尾的问答，以及取自于课程当中或与学生实际讨论的个别谈话。有些故事是来自佛陀生平的事迹，有些则是印度的民间传说，还有一些是葛印卡老师个人的经历。这些故事，全都是用他自己的方式讲述，未加修饰，保留原貌，强调出它们与内观练习的关联性。这些故事缓和了内观课程的肃穆气氛，并且将教导中的重点用容易记忆的形式来说明，以鼓舞学生。选录在此的只是在十日课程里所说的许多故事中的一小部分。

书中所引用的经文，是取自最古老、众所公认的记录佛语的经藏，这些经藏在南传佛教国家，以古老的巴利文保留下来。为了维持全书一致的语气，我尝试将所有在此引用的经文重新翻译，在翻译时，我参考当代首屈一指翻译名家的作品。然而，因为这不是一部学术著作，所以当我在翻译巴利文时，并没有殚精竭虑地去寻求逐字逐句的准确性。相反的，我企图以内观者的经验及对经文的了解，用直截了当的文字，来传达每一段经文的意义。也许某些经文或章句的翻译似乎异于传统，但是我希望，以英文译文忠实地表示原经文的意义。

虽然对西方读者来说，某些名词用梵文可能较为人知。但为求一致性以及准确性，文章中所用的佛学名词都是巴利文，例如，巴利文 dhamma（法）用来取代梵文的 dharma；

kamma（业）取代 karma；nibbāna（涅槃）取代 nirvāna；sankāra（习性反应）取代 samskāra。为了让文章易于了解，巴利文也参照英文的语法使用复数，加上 s。总而言之，文中的巴利文名词已减至最少，以避免不必要的混淆。有些名词的概念很难用英文单个词加以表达，因此，某些地方似乎使用巴利原文，比用上长长的英文片语要适合。书中印出来的巴利文，在书后的术语部分，附有定义。

所有练习内观的人，都能得到相同的利益，并不会因种族、阶级或性别而有所不同。基于这个原则，我尽量避免在文章中使用具特定性别的字眼。但是有时我使用代名词“他”，来代表一般的内观者。请读者将这些用字，看做与性别无关，因为这样的分别心，与内观的基本教导以及其精神，完全背道而驰。

我深深感激许多帮助我完成此书的人。我尤其要对葛印卡老师表达我由衷的感恩，感谢他在百忙中抽空审阅本书，更感谢他引领我踏上书中所述的正道。

就深一层而言，本书的真正作者是葛印卡老师，因为我的目的，只是呈现他所传承的佛陀的教导。本书的功德归于他，若有任何瑕疵，则是我个人的责任。

葛印卡

内观：生活的艺术

世界上没有一个人可以处处如意，一生中从不经历任何不如意。生命中往往是事与愿违，重复不断地发生。那么，我们不禁会问，当面对不如意的情境时，要如何才可以不盲目地产生反应？该如何才不会焦虑不安及该如何才能维持着安详与和谐？

生活的艺术

（葛印卡讲于瑞士伯尔尼）

每一个人都不停在寻觅安详与和谐，因为这些正是我们生命中所欠缺的东西。生命中总有些时刻会感到焦虑不安、烦躁、不和谐、痛苦，但我们不会将痛苦只局限在自己身上，而是不断将之倾注他人身上。一个不快乐的人，会使得周遭的气氛充满焦虑，同时也导致任何和他有所接触的人都被其影响，感染其烦躁不安。这诚然非正确的生活方式。

人毕竟是群居动物，必须在社会中生活，和他人接触，因此人应当安于自我及与他人和睦共处。然而该如何才能生活得和谐？该如何才可以泰然自处，并同时保持着周遭平和的气氛，亦让他人能够生活在安详与和谐中？

当一个人感到焦躁不安，欲从中寻求解脱，首先须找出苦恼的原因，即导致产生痛苦的根源。假如我们细心观察，就会清楚觉察到每当有负面情绪或不净的念头生起时，我们必然会变得焦躁不安。换言之，安详与和谐是不能与负面情绪或不净念头并存的。

负面情绪是如何酝酿产生的呢？同样的，只要细心检验观察，答案就显现眼前。当发现他人某些行为不如我意，或某某事件的发生不合我意，我就会感到十分不愉快。不如意的事发生了，内心开始感到忐忑不安。当渴望的被障碍不能如愿以偿时，自己再次变得紧绷，内心开始打结。然而人的一生中不断重复这个过程，不想要的就不断发生，渴望期待的却渺不可得，此生命运作过程导致身心两方面皆被绑得紧紧，无从自拔。充满着紧张僵硬及消极否定，生命是那么苦涩。

现在若要解决此问题，唯一途径就是设法使生命中每一件事都尽如我所愿，没有任何不如意的事会发生在我身上。我要开发此能力，或者是依靠有此能力的人士相助，让我有求必应，替我阻挡不如意的事，愿我凡事都能称心如意，但这根本是不可能的。世界上没有一个人可以处处如意，一生中从不经历任何不如意。生命中往往是事与愿违，重复不断地发生。那么，我们不禁会问，当面对不如意的情境时，要如何才可以不盲目地产生反应？该如何才不会焦虑不安及该如何才能维持着安详与和谐？

在印度以及其他国家都曾经有前贤大德研究过这个问题——人类所面对的苦——并找到解决问题的办法：每当不如意的事发生，内心开始产生愤怒、恐惧或其他负面情绪时，即刻把注意力转移到别处去，例如，站起身来、拿杯水、喝口水，那愤怒将不再增强，然后慢慢地从愤怒中解开；又或者念数：一、二、三、四；或是重复一个字、一句话、持咒语；或者持诵一个你信仰的某尊神或圣者的名号。借着转移注意力在某个程度，就会摆脱负面情绪及愤怒。

这办法行得通，此练习的确可以消除内心的焦虑不安，然而此方法事实上只能在意识表层发挥功效。其实当注意力被转移时，负面情绪亦同时被推到更深的潜意识层面，使得原有的不净烦恼在此层面中不断繁衍扩增。意识表层看来一片安详和谐，其实内心隐藏着一座休眠火山，积压着的负面情绪迟早会猛烈爆发。

但其他探究内在真理的修行者作了更深入的探索，透过体验自我的身心实相，发觉转移注意力只不过是在逃避问题。逃避不是解决方案，要面对它。每当心中生起任何的负面情绪时，只有观察和面对它。当我们开始观察它时，这些心的不净烦恼随之失去力量，日益枯萎，最后被连根拔起。

毋庸置疑，这是一个好办法：它避免两个极端——压抑和放纵。埋在潜意识里的负面情绪是不会消除的，若任由它表现在行为或言语上只会倍增问题。不过，假如我们只是客观地观察它，这些不净烦恼就会开始渐渐消失，所有的负面情绪都被根除，我们就得以从不净烦恼中解脱出来。

它听起来绝妙极了，但实际上真的行得通吗？对一般人来说，有这么容易面对不净烦恼吗？当怒火一生起，根本未曾来得及察觉，人就已经失控了。然后在怒火蒙蔽之下，构成我们在行为或言语上伤人亦害己。等到愤怒平息后，我们就开始哭喊及懊悔，祈求这人或那人或某某神灵的宽恕：“噢！我犯错了，请原谅我吧！”过后再次陷入相同情况时，我们又再次重复做出同样的反应。再多的忏悔亦无济于事。

问题关键在于不净烦恼往往是在不知不觉的情况下产

生。它萌生于潜意识最深层次，难于察觉。等到它浮现到意识层面时，它已经太过强劲把我给淹没，导致我丧失了观察它的能力。

那我应该请一位私人秘书，以便每次一见我开始愤怒时就说：“主人，看啊，你开始愤怒了！”既然我不知道愤怒何时会出现，那我不就需要聘请三位私人秘书日以继夜接班！假设我有能力负担三位秘书，当愤怒生起时，我的秘书立刻告诉我：“哦，主人，看看，愤怒出现啦！”此刻，我会做的第一件事情是掴他的嘴并辱骂他：“蠢材！我出钱请你来是教训我的吗？”理性在盛怒中已丧失，任何好言相劝均成忠言逆耳，无济于事。

又假设理智获胜，我不掌掴他。反之，我说：“多谢你。现在我要坐下来观察我的愤怒。”然而这有可能吗？当我闭上眼睛试着观察愤怒时，心中立刻浮现出愤恨的对象——那引发怒火的某人或某事。那么，我不是在观察愤怒本身，我只是在观察引起情绪波动的外在刺激因素。这只会令愤怒增生加强，此诚然非解决之道。因此欲观察抽象的负面情绪，是很难的事，必须先从外在的情境中脱离出来。

然而，当我们觉察到事物的终极究竟实相，就找到了真正的解决方法。每当负面情绪在心中生起时，身体上同时就发生两件事。第一是气息失去正常的节奏。每当心中生起负面情绪，呼吸就开始加重，这是较容易觉察到的。与此同时，在较深入细微的层面，身体内开始产生生化反应——也就是某些感受的呈现。每一个不净烦恼都必然会在体内造成一种感受，这种感受或那种感受，在身体的这部位或那部位。

这确实是一个实际的解决方法。一般人难以觉察这些抽象的感受，不管是恐惧、愤怒或激情。但是经过适当的训练和练习，观察呼吸与身体上的感受变得轻易，因为这两者和心的不净烦恼有直接关联。

观察呼吸和感受给予我两种帮助。首先，它们仿如我的私人秘书。当不净烦恼念头在心中生起，我的呼吸马上失去常态，它开始呼喊："看，有毛病出现了！"我不能够掌捆我的呼吸，我只好接受此警告。同样的，感受也传达信息告诉我出事了。当接收到警告之后，我开始观察我的呼吸、我的感受，很快地我发现那个不净烦恼渐渐消逝了。

这种身心现象就像一个铜板的两面：一面是心中所出现的意念或情绪，另一面是身体的呼吸和感受。任何意念或情绪，任何的不净念头烦恼，均会在当时的呼吸和感受中显示出来。因此，借由观察呼吸或感受，我其实是在观察心中的不净。我没有逃避问题，反之我是如实地正视实相。接着我发现不净烦恼已失去力量：它无法再像以往一般主宰着我。如果我持续着觉察，心中的不净烦恼终究会完全消失，我依然持续保持安详与快乐。

透过这自我观察的技巧让我们看到内在与外在的两个真实实相。以前，人总是睁开眼睛向外观望而忽略了自身的内在实相。我总是向外寻找令我不快乐的因素，我总是归咎于外界并试图改变外界的现实。我对内心的实况一无所知，从不了解痛苦的源头其实来自于内心，自己对愉悦或不愉悦的感受生起盲目习性反应。

现在经过训练，我看到了铜板的另一面。我可以察觉呼吸及内心感受。不论是气息或感受，我学习以一颗平稳的心只是观察，不再起反应，不再增加自己的痛苦。反之，我让内心的不净烦恼浮现，然后消逝。

愈精勤努力不懈地修习这个技巧，就愈快地从负面情绪中解脱。内心渐渐地得以净化，不受不净烦恼束缚。被净化的心总是充满着爱——对所有人都怀着无私的爱，对他人的失败和痛苦充满着慈悲，对他人的成就与快乐感到欣喜，面对任何境遇都保持平等心。

当一个人达到这个阶段时，整个生活模式都会开始改变，不可能再在言语或行为上骚扰别人的安详与快乐。反之，内心平稳不但让自己感到安宁，更帮助其他人变得平和、安详。在他周遭弥漫孕育着安详与和谐的气氛，任何人进入那个环境中也会受到影响的感染。

借着学习保持内心的平衡稳定来面对内在的一切体验，同时也发展出对外在一切境遇的豁达，不再执著。然而，不执著不等于逃避现实或无视世俗问题。修习内观静坐的人对于他人的苦楚变得更加敏感，而且会尽一己所能解除别人的苦困——心中充满爱、慈悲与平稳，不带半点焦躁不安。他获悉圣洁的无分别心——知道如何以一颗平稳的心完全投入，全力以赴帮助他人，如此一来，当他为他人的安详与快乐而努力时，他还是持续地保持着如此安详与快乐。

这就是佛陀所教导的“生活的艺术”。佛陀从没有建立或教导过任何宗教或主义。他未曾指示他的跟随者做任何仪式或典礼、任何盲目或空泛的礼节。反之，他只教导借由观察内在实相，如实地观察自然本性。人由于无明，不断产生伤人伤己的习性反应。但是一旦发展出如实观察如其本然实相的智慧，我们就得以脱离这习性反应。当盲目反应停止时，他就有能力做出正确的行动——出自平稳洞察实相真理的心，而这些行动会是积极的、有创造力的，对自己及他人都会有所裨益。

智者们曾经忠告我们：你们必须“认识自己”。认识自己不能单纯只在知识、概念和理论的层面，亦不是只在情感或信仰的层次，仅仅盲目地接受所听闻或阅读过的。这样的知识是不够充足的，我们应该从实际层面去了解真相。我们必须直接体验这身心现象的实相，单凭这点就可以帮助我们从不净烦恼、痛苦中得解脱。

这种直接体验自身的实相、自我观察的技巧，就是所谓的“内观”（vipassana meditation）。在佛陀时代的印度语言中，passana 的意思是睁开眼看，如平常一样；但 vipassana（内观）则是如实地观察事物，并非如其所见。我们观察，必须向内贯穿表面的实相，从而深入整个身心结构内的终极究竟实相。当体验过实相之后，我们就学习到不再盲目地起反应，不再产生不净烦恼——自然而然，旧有的不净烦恼逐渐被根除而得以离苦得乐。

内观课程提供了三个训练步骤。首先，不造作任何骚扰他人安宁的言行举止。我们不可能一方面要消除自己内心的不净，在另一方面又不停造作不良的言行举止。这只有增生不净烦恼。有鉴于此，遵守道德规范则是修行的第一要诀。承诺遵守戒律：不杀生、不偷盗、不发生不正当的性行为、不说谎和不服用麻醉品。透过持戒，心得以充分平静下来，以便能好好地执行观察的任务。

训练的第二步骤是要将心专注于一点即气息上，借此培养心的控制力，驯服狂野的心。尝试延绵不断觉知息入息出。这不是一种呼吸练习，因而不要刻意控制气息。反之，要如实观察自然的呼吸，气息的进入，气息的呼出，如此一来心逐渐地平静下来，不再被激烈的负面情绪所主宰。再者，当注意力集中时，心思就变得警觉、敏锐，此刻才有能力执行洞察的工作。

以上持戒和修定两个步骤对过着道德的生活和控制心识是十分有帮助及有益的；不过这两个步骤亦会造成自我的压抑，除非练习第三个步骤——开展洞察力，照见自身的本质，借由此洞察力来净化内心的不净。这就是内观：体验自我实相，借着有系统的与平静的观察，观察自身不断变化的身心现象所显示出来的感受。这就是佛陀教导的精髓：透过自我观察以期达到自我净化。

苦是每个人都要面对的问题，因此任何人都可以实践修习这个修行方法。一种普遍性的疾病，是需要普遍性而非宗派性的疗法。所以当一个人感到愤怒时，他的愤怒不是佛教徒的愤怒、印度教徒的愤怒或基督徒的愤怒。愤怒就只是愤怒。随着因愤怒变得焦躁不安时，这焦躁不安不是基督徒的、印度教徒的或佛教徒的。这疾病是普遍性的，因而此疗法也必须是普遍性的。

内观就是这样的一个疗法。没有人会反对维护他人安详与和谐的道德生活守则，没有人会反对培养心念的专注，没有人会反对发展洞察力，借着此洞察力来探究自我实相并净化内心的不净。内观是一条普遍可行之道。

借由观察内在实相，如实地观察事物的实相——这就是在实际、体验层面认识自我。在修习的过程中，就会逐渐从不净染污的痛苦中解脱出来。从粗重、外在和浅显的表面实相，贯穿渗透到身心的终极究竟实相。再进一步，超越这一切，接着体验超越身心的实相，超越时空及超越相互依存的限制领域的实相：从所有的不净、杂染、痛苦中彻底解脱的实相。这终极究竟实相，不论冠以任何名称都无关重要；重要的是，它是每一个人的终究目标。

愿你们都体验到这终极究竟实相。愿所有的人都能从不净烦恼、痛苦中解脱出来。愿他们享有真正的快乐，真正的安详，真正的和谐。

愿一切众生快乐。

由内在安详到世界和平

（葛印卡讲于联合国）

这是一个难得的聚会，让我们可以团结起来为人类服务。当宗教使人们团结时，它才是宗教；当它造成分裂时，就一文不值了。

在这次会议中，我们谈了很多关于“改变信仰”的问题，有赞成的，也有反对的。我不仅不反对改变信仰，反而十分赞成。不过，我所谓的改变信仰，不是由一个宗教团体改信另一个宗教团体，而是由苦恼转变为快乐，由束缚转变为解脱，由凶残转变为慈悲。这才是今天我们所需要的转变，也是这个会议应该努力去实现的。

远古的印度带给世界及人类一个安详、和谐的讯息，还给予了我们能达致安详、和谐的方法和技巧。对我来说，要人类社会和平，就不能忽略个人。如果个人内心不安宁，我不知道世界如何能有真正的和平。假使我内心烦躁不安，时常充满愤怒、憎恨、恶念和敌意，我怎能使世界和平？我当然做不到，因为我自己毫无安详可言，所以觉者都说：“首先寻求自己内心的和平。”我们要反省自己是否真正享有内在的安详。所有圣贤和先知先觉者都忠告我们：“了解你自己。”这并非只是理性层次的了解，也不是从感性或信仰的层次去接受，而是透过实际的体验去了知。当你实实在在地体验到关于自身及内心的真理时，生命中遇到的难题就会迎刃而解。

你开始明白什么是普遍通行的法则，即大自然的法则，这个法则适用于每一个人。当我生起愤怒、憎恨、恶念和敌意的时候，我就成为被自己的愤怒所伤害的第一个人，成为自己内心的憎恨或敌意的第一个受害者。我先伤害了自己，然后才开始伤害别人。这是自然的定律。假如我细心观察自己的话，我会发觉当心中生起负面情绪，身体亦会有反应：我会觉得发热或有燃烧的感觉，心跳加速及紧张，觉得十分苦恼。更有甚者，当我产生负面情绪而觉得苦恼的时候，我不会把苦恼限于自己；相反，我会把它加诸别人。我会令周围的气氛都紧张起来，以致接触到我的人都会感到苦恼。虽然我嘴上谈着安详与快乐，但是我内心的真相比我说的话更重要。同样的，当我心中没有负面情绪的时候，自然的法则亦照样运作。心里的负面情绪一旦清除，大自然就开始奖励我：我会觉得安详。这也是观察自己的内心可以发现的。

人不分宗教、传统或国籍，只要违反自然法则而心生负面情绪，就必然会受苦。大自然会施予惩罚。违反自然法则的人会于此时此地，感觉到地狱之火的煎熬。他们现在播下地狱之火的种子，死后也只有地狱之火等候着他们。同样的，根据自然的法则，如果我保持一颗清净之心，充满爱和慈悲，我在此时此地就享受到天国之乐。而我现在所播的种子，就会于我死后结成天国的果实。不论我自称是印度教徒、基督徒或其他教徒，都没有任何分别：人就是人；人心就是人心。

我们需要的转变，是从有杂染的心转变为清净的心。这种转变会给人带来奇妙的变化。它不是魔法或奇迹，纯粹是一门观察内在身心互动的科学。我们观察心如何不断影响身，身又如何不断影响心。经由耐心的观察，自然的法则就会清晰地呈现：每当我们产生负面的意念时，就会受苦；而每当我们从负面的意念解脱出来时，就会享受到安详和谐。人人皆可练习这种自我观察的方法。

这种自我观察的方法是由古印度的一位觉者所教导，而传遍世界各地。时至今天，来自不同社会、传统和宗教的人士都来学习这个方法，以获得同样的利益。这些人仍可以称自己为印度教徒、佛教徒或者基督徒，这些称呼不会构成任何不同，人就是人。所不同的是，透过练习，他们成为真正有精神修持的人，充满爱和慈悲，造福自己及他人。当一个人心境祥和，四周的气氛就会充满祥和的振动，任何与他接触的人都会开始感受到平静安详。这种心灵变化才是我们真正需要的转变，任何其他的转变都是毫无意义的。

请容我向大家念一段由印度传达给世界的仁慈讯息。这是伟大的明君阿育王在两千三百年前刻在石碑上的话：“人不应只尊重自己的宗教而谴责其他信仰。”对我们这个时代而言，这番话意义非凡。一味抨击别人，强调自己的传统才是最好的，只会给人类带来灾难。阿育王接着说：“相反，一个人应该有很多尊重其他宗教的理由。”每一个不辜负宗教之名的信仰，皆以仁爱、慈悲、善念为本，我们应该为这善良的本质而尊重这些信仰。外在的形式总是南辕北辙，有着各式各样不同的礼节、仪式、典礼和信条。让我们不要为这些表相而争吵，相反，我们要着重其所蕴含的本质。诚如阿育王所说：“如此一来，我们不仅令自己的宗教增长，也使他人的宗教有所裨益。反之，就只是自掘坟墓，也伤害到其他的宗教。”

这是给我们的郑重的警告：“一个尊崇自己的宗教而谴责其他宗教的人，可能是出于对自己信仰的虔诚而认为‘我要颂扬自己的宗教’，但是他的行为只会为自己的宗教带来更深的伤害。”

最后，阿育王指出普遍通行的法则——“法”——的讯息：“大家听好啊，以和为贵，不要争吵。愿人人都愿意去聆听别人的教义。”与其反对或抨击，不如让我们重视每个宗教教义的本质，如此才会有真正的安详、真正的和谐。

快乐的真谛

（葛印卡讲于达沃斯经济论坛）

这就是一切了吗？

每一位来参加本次会议的来宾，都是我们星球上独特族群的一员，通常都是世界上最富有、最具权势、最有成就的人。大家公认能受邀参加世界经济会议的每一位来宾，都是同业中的佼佼者。

然而，当一个人拥有所想要的财富、权势和地位时，是否就必然会快乐呢？这些成就和自满就是一切了吗？或是仍有可能达到更高程度的快乐？

快乐是一种短暂的状态，它转眼即逝，此刻存在的，下一刻便消失无踪了。当你的事业、银行的账户、家人一切都顺利时，是很快乐的。但是当不想要的事情发生了，当完全超乎掌控的事情发生并扰乱了你的快乐与和谐时又怎么样了呢？

世界上任何一个人，不管他的权势和地位如何，都会遇到超乎掌控的环境和不能随心所欲的时候：可能是发现自己得了绝症，可能是亲密心爱的人病了或死了，也可能是婚姻破裂或发现另一半欺骗了你，事业成功的人可能做了一个错误的决策，公司被合并导致你失业了，政治选举输了，别人升迁到你想要的位置，小孩离家出走或是叛逆到反对你所珍惜的一切价值观。不论你有多少的财富、地位和权势，这些不想要的事情、不想要的失败总会产生极大的痛苦。

问题来了：该如何应付这些破坏美满生活的不快乐时刻呢？即使是在最令人陶醉的生活中，不快乐的时刻仍是会到来。当你经历痛苦时，是以平衡和平等心来应对呢？或是习惯性地以嗔恨心反应？贪求你的快乐重现吗？

若你沉溺于快乐和顺心，一旦事情不如意时，痛苦会变得更为锥心刺骨。事实上，它们变得如此难以忍受，以致使我们诉诸酒精来对付这些失望和抑郁的处境，甚且吞食安眠药以便获得生活中所需的休息。而在这同时，我们却告诉外面的世界：因为我们的财富、权势和地位，而过得异常快乐。

我来自一个经商的家庭，所以年纪很轻时就已经是一个企业家和商人。我建造了蔗糖厂、纺织厂和地毯厂，设立了进出口公司，并在全世界分设办事处。在整个过程中，我赚了很多钱。然而，我也清楚地记得，在那些年里，对在事业上和私人生活中所发生的事情，我所产生的反应——每天晚上，如果在白天里搞砸了一桩商业交易，我会清醒地躺在床上好几个小时思索着：到底哪里弄错了？下次又该怎么做？反之，若当天做成了一笔非常成功的交易，我还是会清醒地躺在床上，对自己的成就沾沾自喜。虽然我尝到了成功的滋味，但心中却没有快乐和安详。我发现安详与快乐是紧密相连的，虽然我的钱财和地位居于社会中的翘楚，但却常常无法拥有安详和快乐。

有首我很喜欢且和今天主题有关的诗：

当生命流过，
像一首甜美的歌曲，
快乐是轻而易举的；
最难的是，
当事情一败涂地时，
仍能流露出笑容。

不论我们的钱财、权势和特权是多是少，如何应付灰头土脸的时刻才是“快乐的真谛”的主要因素。

每个人都想要过快乐的生活，这是基本的人类需求，因此你必须去体验真正的快乐。借由拥有钱财、权势和沉溺于感官享受的所谓快乐，并非真正的快乐。这类的快乐非常脆弱、不稳当，而且短暂。为了获得真正的快乐，为了永久稳当的快乐，你必须深入自己并去除积藏在心灵深处的所有不快乐。只要在心灵深处仍留有痛苦，那么想要在心灵表层感受到快乐的企图，都将只是白费力气。

这些积留在心灵深处的不快乐，只要你继续产生负面情绪，像愤怒、仇恨、恶意和敌意，它们就会持续地繁衍。自然的法则是：当你产生负面情绪时，不快乐也同时生起。当一个人在心里产生了负面情绪，便不可能感到快乐和安详。

安详和负面情绪无法并存，就像光线和黑暗无法并存一样。我古老的祖国有一位伟大的科学家，发展出了一套有系统而科学化的修炼方法，借由它，你就能在经验的层次上探究有关身心现象的真相。这个方法叫做内观，即是如其本来面目，客观地观察实相的意思。

此方法帮助人们在自己的身体架构内，发展对于身心的感觉和理解的能力。内观方法牵涉到基本的自然法则，那就是不管任何时候，当心中有任何不净杂染生起时，身体的某些部位就会随之产生某些感受。一般人无法观察心中抽象的不净杂染，但经由正确的训练和练习，却能很容易地去观察呼吸和感受，而这两者都直接和心中的不净杂染相关联着。

借由观察呼吸或感受，你便是间接地在观察心中的杂染，是如其本然地面对实相而非回避问题；接着杂染会失去它的力道，无法如过去一样地宰制着你。如果持续观察下去，杂染终将烟消云散，而你仍然保持着安详和快乐。

就像这样，自我观察的技巧以外在和内在两个面向来揭示实相。之前，你总是张眼向外看，而漏失了内在的真相。人类总是向外寻求他们不快乐的原因，他们总是责备并试着改变外在的实相，由于对内在实相的无知，人们从来就不了解痛苦的原因源自内在，在他们自身的盲目反应中。

你越练习这个技巧，就越快走出负面情绪的束缚。渐渐的，心会摆脱了杂染，变得纯净了。一颗纯净的心，总是对他人充满了爱，对他人的失败和苦难充满了怜悯，对他人的成功和快乐充满了喜悦，面对任何情境充满了平等心。达到了这个阶段，整个生活形态会开始改变，将不会在言语或身体上去侵犯别人的安详和快乐。相反的，这颗平衡的心，不但变得安详，而且也帮助别人变得安详。围绕在这种人四周的气氛会渗透着安详、和谐和真正的快乐，也会开始影响他人。

这种对自身实相直接的体验、观察的技巧，就叫做内观。它是导向真正快乐生活的一种简单、直截了当的方法。

要过快乐的生活，有许多不同的要素，其中有几项是和参加本次会议的在座有关的。虽然一切想要的钱财和资产，你都有了，然而当这个世界上有千百万的人仍为着下一顿饭而烦恼时，你怎么可能真正享用这些福分？赚钱供你自己、家人、依赖你而活的人使用，绝对没有什么不对，但你也必须记得回馈社会。你的财富是从社会中获得的，所以你也必须加以回报。正确的态度应该是：我不但为自己，也为他人赚钱。在商场上另外一个快乐的观点是：不管以什么手段来赚钱，都不应该伤及或危害到他人。这是一个重大的责任，以别人的安详和快乐为代价而赚到的钱，永远不会带给你快乐。真正的快乐不是资产、成就、财富或权势，而是一种纯净和安详的内在生命状态。内观就是帮助每个人达到那个状态的工具。

Introduction

简 介

内观是一条实修之道，我们可以借助它审视自己身心的实相，揭开和解决隐藏的问题，培养未使用的潜能，为自己及众生带来幸福。

假如你有机会，能够放下所有世俗的责任十天，住到一个安静、与世隔绝的地方，不受任何的干扰。这个地方提供基本的食宿，而且随时有人帮忙，让你住得还算舒适。你只要避免与他人接触，并且除了必要的活动之外，在你醒着的时候，都闭目凝神，将心专注于一个选定的对象之上。你愿意来参加吗?

假如你曾经听说过有这种机会，而且许多像你这样的人，不仅愿意，甚至极渴望这样利用他们的空闲时间来参加，那么你想他们在干吗?你可能会说：他们在观肚脐眼或是默想，逃避现实或是灵修，自我麻醉或是自我探索，自我封闭或者自我反省。无论其含意是负面或正面，一般对禅修的印象，都认为他是从世间退缩。确实有一些禅修法是如此。但是静坐并不必然是逃避，它也可以是一种体验世界的方法，让我们了解世界、了解自己。

简　介

每个人都习惯性地认为，外在的世界才是真实的，生活就是与外在实相接触，向外寻求物质及精神的食粮。大多数人可能从未想过断绝外在的接触，以看清内在发生的事。若要你这么做，听来好像是你花好几个小时，瞪着电视屏幕上的测试图。我们宁可去探索月球的背面，或者海洋的底层，也不愿意去探寻我们的内在深处。

但是事实上，只有当我们每个人用身心去体验时，宇宙才真正存在。宇宙从来不在别处，它一直就在当下。探索我们自身的当下，即是探索这个世界。除非我们仔细探究内在的世界，否则我们对它的了解，只止于信念，或是知性的概念而已，而永远无法知道实相。然而，借着观察自己，我们就能够直接体悟到实相，并且学会用正面、积极的方式来应对。

葛印卡老师所教导的内观法，就是探讨内在世界的一种方法。这是一条实修之道，我们可以借助它审视自己身心的实相，揭开和解决隐藏的问题，培养未使用的潜能，并为自己以及众生带来幸福。

内观（Vipassanā）在巴利文中，是“洞见”的意思。它是佛陀教导的精华，是对他所说的真理的实际体验。佛陀本身经由实修内观，而证得这个体验，所以内观就是他主要的教导。他所说的话，是他内观体验的记录，同时也是如何修习、体验真理这个目标的详尽指导。

上面的说法大家都能接受，但问题是，该如何了解并遵循佛陀的教导。虽然佛陀所说的话都保留在众所公认的经文中，但是缺少了实际的修习，要诠释他的内观指导就十分困难。

但是如果有这么一个方法，已经保留了不知多少世代，修习后的结果正如佛陀所描述；它与佛陀的教导完全一致，而且阐明了教导中长久以来晦涩难明的部分，那么这个方法当然值得一试。内观就是这样的一个方法。这个方法的特别之处，在于它的简单、完全没有教条，而且最重要的是，它所带来的结果。

内观法以十天的课程传授，课程开放给任何真心想学习此方法，而且身心都适合的人。十天当中，参加的学员只能在指定的范围内活动，不与外面世界接触。学员不可以阅读或写字，并且要暂停任何宗教仪式或其他的练习，完全按照所教的方法用功。在整个课程期间，他们遵守一套基本的道德规范，其中包含独身生活，以及戒绝所有的麻醉物品。同时在前九天的课程之中，学员之间要保持静默，不过他们可以向指导老师请教内观方面的问题，也可以和服务人员谈生活上的问题。

前三天半，学员练习心的专注。这是真正进入内观法之前的预备工夫。在课程的第四天介绍内观法。每一天都会介绍这方法的下一个步骤，如此到课程结束之前，整个方法的纲要就介绍完全。到第十天，解除禁语，让学员稍做调整，以适应回去后的生活。课程在第十一天的早晨结束。

对内观者而言，这十天，很可能会有一些意想不到的事。首先就是禅修还真不简单！一般认为禅修是无所事事或仅仅放松而已，但学员很快就会发现，这是错误的观念。学员必须持续不断地以特定的方式专注地觉知心理运作过程。课程要求学员全心全意，但毫不紧张地依照指导努力练习。但是在学会如何这样做之前，这种练习可能会令人有挫折感，甚至精疲力竭。

另一件意想不到的事就是，观察自我所得来的实相不可能都是令人愉快、喜悦的。一般说来，我们对自己的想法都是非常有选择性的。当我们看着镜中的自己时，都会小心翼翼地摆出最美的姿态、最动人的表情。同样的，每个人都有心目中的自我形象，这个自我形象强调令人赞赏的特点，将缺点减至最少，而对于自己个性中的某些部分，则是完全忽略。我们只看自己想看到的形象，而不是实相。但是内观这个方法，是从每个角度观察实相。内观者面对的，不是一个小心修改过的自我形象，而是整个未经删节的真相。真相的某些层面一定是令人难以接受的。

有时，修习之后似乎没有找到内在的平静，反而激动不安。课程的各方面似乎都显得行不通、难以接受，例如密集的作息时间表、设备、纪律、老师的指导和建议以及方法本身。

然而，另一件令人惊讶的事是：困难都会过去。到了某个阶段，学员学会不费力地精进，放松而警觉、参与而不执著。他们不再挣扎，而能全神贯注于练习之中。这时，设备的欠缺就已不成问题，纪律成了有利的支持，时间在不知不觉中很快地过去。心变得像黎明时山中的湖水一样静谧，完美地倒映出它周遭的一景一物，同时也可以让细看的人澈见它的深处。当这种清澄来临时，每一刻都充满肯定、美好与安详。

如此一来，内观者发现，这方法确实有效。接下来的每一阶段，虽然似乎都是很大的一步，然而内观者却发现，他有能力走过去。到十天课程结束的时候，他就会明白，这个旅程从课程开始，已经走了多远了。内观者所经历的过程，也可以比喻成外科手术，就像刺破蓄脓的伤口一样。要切开伤口，压挤伤口，除去脓液，是非常痛苦的事。但是若不如此做，伤口永远无法痊愈。一旦除去脓液，以及它所造成的痛苦，伤者就能够重获完全的健康。同样的，借着这十天的课程，内观者除去心中部分的紧张压力，就能享有更好的心理健康。内观的过程带来内在深处的改变，这种改变在课程结束之后仍持续下去。内观者会发现，从课程中所获得的任何内心的力量、任何所学到的东西，都可以运用在日常生活上，让自己获益良多，并且对他人也有好处。生活变得更加和谐、丰富和快乐。

葛印卡老师所教导的内观方法，是从他的老师——已过世的缅甸大师萨亚吉·乌巴庆（Sayagyi U Ba Khin）处学来，而乌巴庆老师则是从萨亚·乌铁（Saya U Thet）学得内观的方法。乌铁是20世纪前半期，缅甸知名的内观老师。再往上溯，萨亚·乌铁是雷狄·萨亚道（Ledi Sayadaw）的学生。雷狄大师是19世纪末、20世纪初缅甸著名的学者法师。再往上溯源，这个方法的老师的名字就不可考了。但是修习此方法者相信，雷狄·萨亚道法师是从传统老师处学得内观方法。而这些传统老师们是从远古时代，也就是当佛陀的教导首次传进缅甸时开始，一代一代地将内观法保留了下来。

毫无疑问，这方法，与佛陀对内观的指导是一致的，与最简洁的佛语原意也是一致的。而最重要的是，这方法所提供的结果是有益的、切身的、具体的，而且是立即的。

本书并不是内观法的自学手册。如果有人把本书看成是“自己动手做”的指导手册，就是自冒风险。要学习这个方法，唯有参加课程，在适当的环境帮助下，由经过适当训练的老师指导。禅修是大事，尤其是内观的修行方法，因为它探讨心的深处，绝不可以草率、随便地姑且一试。如果阅读本书激起你想学习内观的意愿，你可以与书后所列的地址联系。

本书的目的，只是介绍葛印卡老师所教导的内观方法的梗概，希望借此增广对佛陀教导的了解，以及对佛陀教导的精华——内观修行方法——的了解。

故事：游泳学

从前有位年轻的教授出海旅行。他受过高等教育、领有许多证书、拥有许多头衔，但是他的生活阅历比较欠缺。他所搭的船上有一位目不识丁的老水手。每天晚上，这个老水手都会到年轻教授的舱房去，听他高谈阔论。老水手非常佩服这位年轻人的博学。

有天晚上，老水手在几小时的谈话后，正准备离开舱房时，这位教授问他："老伯，你研究过地质学吗？"

"那是什么，先生？"

"是地球的科学。"

"没有，先生，我从没上过学，我从没研究过什么。"

"老伯，你已经浪费了你四分之一的生命了。"

老水手拉着更长的脸离开了舱房，他想："如果这么博学的人这么说，那必定是真的。我已经浪费了我四分之一的生命了。"

第二天晚上，当老水手准备离开舱房时，教授又问他："老伯，你研究过海洋学吗？"

"那是什么，先生？"

"海洋的科学。"

"没有，先生，我从没研究过什么。"

"老伯，你已经浪费了你一半的生命了。"

老水手拉着更长的脸，离开了，心里想着："我已经浪费了我一半的生命了，这个博学的人这么说的。"

隔天晚上，这位年轻教授又问老水手："老伯，你研究过气象学吗?"

"那是什么，先生？我从没听说过。"

"怎么会？就是风、雨、气候的科学呀!"

"没有，先生，就如我告诉你的，我从没上过学，我从没研究过什么。"

"你从没研究过你居住的地球的科学；你从没研究过你讨生活的海洋的科学；你从没研究过你天天遇上的气候的科学？老伯，你已经浪费了你生命的四分之三了。"

老水手非常伤心，心想："这个博学的人说我已经浪费了四分之三的生命！那我一定是已经浪费了四分之三的生命了。"

隔天，老水手匆匆忙忙地跑到年轻教授的舱房，倒问他："教授先生，你研究过游泳学吗?"

"游泳学？那是什么意思?"

"你会游泳吗？先生。"

"不会，我不知道怎么游泳。"

"教授先生，你已经浪费了你全部的生命了！这艘船已经撞上暗礁，正在下沉。会游泳的人可以游到附近的海岸，不会游泳的人将会淹死。我非常遗憾，教授先生，你真的是性命难保了。"

你可以研究世界上所有的"××学"，但是如果你不学游泳，你所有的研究都是没用的。你可以读或写有关游泳的书，你可以从各种理论层面去辩论，但是如果你拒绝亲自下水，这些对你又有什么用呢？你一定得学会如何游泳才对。

第一章

探 索

为了要解决我们的问题，我们必须如实地观察，学会认清表面的、显而易见的实相，并且穿透表层，觉察较细微的实相，再进一步了解最终的实相，最终能体证到自痛苦中解脱的真理。

我们每个人都在追求安详与和谐，因为这些正是我们生命中所缺乏的东西。人人都希望快乐，而且把快乐视为我们的权利。然而快乐这个目标，是我们努力争取，却鲜少获得的。任何人都曾经经历过生命中的不如意——焦虑、烦躁、不和谐、痛苦。即使眼前这一刻，并没有什么不如意，但我们都记得，那些不如意的事曾经如何折磨过我们，也可以预见，会有再发生的时候。最后，每个人都得面对死亡的痛苦。

我们不会将自己的不快乐只局限在自己的身上，反而不断地将自己的痛苦倾倒在他人的身上。一个不快乐的人，会使得他的周遭充满焦虑不安的气氛，任何人进到那个环境中，也会感到焦虑和不快乐。就这样，个人的紧张不安，汇集成整个社会的紧张不安。

处处不如意，这就是生命的根本问题：不想要的一再发生，想要的却渺不可得。而我们对这种缺憾的形成和前因，却又一无所知。正如我们对自己从哪里来、往何处去，也茫然无知一样。

两千五百年前，在印度北部，有一个人决心探究这个问题，以了解人类的痛苦。经过多年的探索，在尝试了多种的途径之后，他发现一种方法，可以洞见自身的实相，并体验到从痛苦中解脱的大自在。在达到解脱自在、远离忧悲苦恼的最高目标之后，他奉献自己，终其一生帮助人们依他所发现的方法修习，以走上解脱之道。

这个人就是悉达多·乔达摩（Siddhattha Gotama），人们尊称他为“佛陀”，也就是“觉者”——一个觉悟的人。就像所有伟大的导师一样，他也成为传说中的主角。尽管人们在故事中对于他的事迹或是不可思议的神通，有多么出神入化的描述，但是这些故事都有一个共通之处，那就是佛陀从来没有自称是神，或是得到神的启示。他的所有特质，都是人类本质发挥至尽善尽美、超凡入圣的结果。因此，只要我们能照着佛陀的方法去实践，任何人都可以达到同样的成就。

佛陀并不教导教派、哲学或是信仰的体系。他称他的教导为“法”（Dhamma），也就是“法则”，自然的法则。他对于教条或空谈毫无兴趣，而是针对普遍性的问题，提出放诸四海皆准、实际可行的解决之道。他曾说：

我一向所教导的，就是苦和苦的止息。(注一)

佛陀不谈任何与离苦无关的话题。

佛陀强调，他所教导的，不是他的创造发明，也不是经由神迹显现的。他所教导的只是真理、实相，是经由自身的努力而发现的。在他之前有许多人发现过这真理，在他之后也会有许多人发现。他声明真理不是他个人所专有的。

他也不要我们因为别人信仰他，或是因为他的教导看来十分合理，就肯定他的教导具有权威性。相反的，他曾说，对没有亲身经验的事要存疑，并且加以检验，这才恰当。他说：

不要只是因为有人这么说，或是传统如此，或是约定俗成，或是经典记载就轻易相信。不要只透过演绎或推论，或是只看表象，或是因为某种偏见，或因某种见解值得称许，或是因为你的老师这么说，就轻易接受。只有当你自己直接了知“这些做法是不好的、引人非议的、智者不取的，若是照着去做就会导致伤害及痛苦”时，就应当舍弃。而只有当你自己直接了知“这些做法是好的、无可非议的、智者赞许的，若是照着去做就会带来幸福快乐”时，就应当接受并实践。(注二)

个人对真理的亲身体验才是最佳凭据，不应该单凭信仰就接受任何东西，而应细察它是否合理、实际、有益。同样的，我们也不能仅借推理检视的方式就在知性上完全接受某种教导。如果我们想从真理中获益，就必须直接去体验。唯有如此，我们才能知道它是真实不虚的。佛陀一再强调，他只教导他亲证的真理。他也鼓励众生培养这种智慧，做自己的依靠：

你们每个人，应当以自己为岛屿，以自己为皈依，不以任何他物为皈依处；以真理为岛屿，以真理为皈依，不以任何他物为皈依处。（注三）

生命中唯一真正的皈依、唯一可以立足的根基、唯一能够给我们适当的引导和保护的，就是真理、法、自然的法则，由自己亲历亲证的真理。因此佛陀在教导中，一直都重视对真理的直接体验。佛陀将其亲身验证的真理，尽可能解释清楚，让众生能作为依据，各自努力以了悟真理。佛陀曾说：

我所教导的正法，并没有对内、对外之分。我手中没有任何保留。（注四）

佛陀并没有对特定的少数人传授秘法；相反的，他只想用最浅显易懂、最广为接受的方法，来说明自然的法则让更多的人从中获益。

佛陀对于建立教派或以他为中心的个人崇拜，也同样不感兴趣。佛陀一再强调，传法人的个性与法比较起来，实在是微不足道。佛陀只想教导人们从痛苦烦恼中解脱，并不想将众生变成盲从的信徒。佛陀曾对一个崇拜他的信徒说：

> 见到我这个终将腐朽的躯壳，对你有什么好处呢？凡是见到法的人，就见到了我；凡是真正见到我的人，就见到了法。（注五）

无论这个人多么神圣，对他的坚定信仰并不足以使我们解脱。缺少了对实相的直接体悟，就不可能解脱、得救。因此，真理才是最重要的，而不是讲述真理的人。我们崇敬教导真理的人，但是最能表达我们对他崇敬的方法，就是自己努力去体悟真理。人们在佛陀即将入灭时，赞扬他的伟大，但佛陀说：

> 歌功颂德并不是对觉者恰当的赞扬方式，也不是表达敬意的好方法。若比丘、比丘尼、在家男女，能够坚定不移、自始至终走在法的大道上，以正确的方式努力修持，才是对觉者至高无上的敬意。（注六）

佛陀所教导的是每个人都能够遵循的正道，他称此为“八圣道”，也就是由八个相互关联的部分所构成的修持方法。这条道路之所以神圣，是在于任何走上这条正道的人，都一定会成为拥有高尚心灵的圣者，远离痛苦烦恼。

这是一条洞察实相本质的大道，一条了悟真理的正道。为了要解决我们的问题，我们必须如实地观察，学会认清表面的、显而易见的实相，并且穿透表层，觉察较细微的实相，再进一步了解最终的实相，最终能体证到自痛苦中解脱的真理。无论我们如何称呼这个解脱的真理——是涅槃（nibbāna）、天堂或其他名称——这都不重要，重要的是去亲身体验。

唯一能够直接体验真理的方法，就是向内观照，观察自己。有生以来，我们早已习惯向外看。我们总是对外在的人与事深感兴趣，却很少检验自己，检验我们的身心结构、我们的行为、我们自身的实相。因此，我们对自己始终一无所知。我们不了解无明（avijja）对我们造成多大的伤害；也不知道，我们一直都被自己内在未觉知的力量所奴役。

要领悟真理，必须将这内在的黑暗驱走。我们必须洞察自身的本质，才能了解存在的本质。因此，佛陀所指出的，是一条向内观照、自我觉察的道路。佛陀曾说：

> 就在这具有心识的六尺之躯，揭示了宇宙，宇宙的生起、寂灭，以及走向寂灭之道。（注七）

整个宇宙及其运作的自然法则，都必须在我们自身体验。也唯有在自身内部，才能体验。

这条正道也是一条清净之道。我们探究内在的真理，不是出于知性的好奇，而是为了一个明确的目标。透过对自身的观察，我们第一次觉察到那些受制约的习性反应，那些遮蔽了我们的心眼、隐藏了实相、制造痛苦的种种偏见。我们看清累积在内、令我们一直焦躁不安、痛苦烦恼的紧张压力；而且我们也体会到，它们是可以去除的。渐渐地，我们学会如何让他们分解消融，而我们的心就变得清净、祥和、快乐。

这条正道是一个需要持续不断认真修持的过程。突如其来的进展可能会发生，但那是努力不懈的结果。我们必须要按部就班地练习；然而，每向前迈进一步，其利益都是立刻可见的。我们并不是心存企盼地走上这条道路，寄望累积一些只有来世才可享用的福德；或是渴望死后能进到人们所想象的天堂。修持的益处应该是具体、清晰、有助于己，而且可以在当下体验的。

最重要的是，这种教导必须靠实修。仅仅对佛陀或是他的教导充满信心，是不能够帮助我们从痛苦中解脱的。对这条正道只有知性上的了解，也同样无济于事。只有当信心与知性上的了解，能激励我们开始走上实修之路时，它们才有意义。唯有实修佛陀的教导，才会有具体的结果，才能改善我们的生活。佛陀曾说：

有人也许能背诵许多经文，但是如果他不去实践那些教导，这样一个只说不做的人，就好像一个牧童，只

> 是去数别人养了几头牛一样：他无法享受到追寻真理的回馈。
>
> 有人也许只记得经文中的只字片语，但是如果他过着如法的生活，从起点至终点，他都在正道上步步前进，那么他就能享受到追寻真理的回馈。（注八）

这条正道一定要去实践，佛陀的教导一定要去落实，否则就只是一种毫无意义的表面功夫。

要实修佛陀的教导，并不是非得称自己为佛教徒不可。称呼无关紧要。痛苦人人皆有，并没有什么不同；因此，痛苦的有效解药，必能够适用于每一个人。这个实践的方法，也不是仅限于远离红尘、归隐山林的修行人。诚然，要让自己专心一意地学会如何去练习，是需要投注一段时间；但是一旦学会了这个方法，就一定要将其运用在日常生活当中。一个为了追寻正道而出家、卸下俗世责任的人，有机会更精进地修持、更深入地彻底了解这教导，因而可以有较快的进展。相对地，一个过着世俗生活的人，周旋于众多的责任之间，只能够以有限的时间来练习，但是无论是出家或在家，我们一定要懂得运用正法。

只有实际被运用的正法，才有效用。如果这真是一条从痛苦走向安乐的道路，那么随着我们不断精进练习，我们在日常生活中，应该会变得愈来愈快乐、和谐、对自己无所求。同时，我们和他人的关系，应该会变得愈来愈安详和谐。我们不仅不会增加社会的不安，反而应该能够产生正面的作用，促进众人的快乐和福祉。要步上解脱之道，我们必须过正法的生活，过真理、清净的生活。这才是实践佛陀教导的最佳方法。当正法被正确地实践时，它就是生活的艺术。

内观问答一

问：你不断提到佛陀，你是在宣扬佛教吗？

葛印卡答（全书简称“答”）：我对于教派、主义等不感兴趣。我教导正法，而正法也就是佛陀教导我们的。佛陀从未教导任何的主义，或是派别教条。他所教导的东西——生活的艺术——使每一种出身背景的人，都能够获得利益。生活在无明当中，对每个人都是有害的；而培养智慧，则是对每个人都是有利的。所以，人人都可以练习这个方法，并且从中获得好处。一个基督徒会成为好的基督徒，一个犹太教徒会成为好的犹太教徒，一个印度教徒会成为好的印度教徒，一个佛教徒会成为好的佛教徒。一个人必须成为一个善良的人，否则永远无法是一个好的基督徒、好的犹太教徒、好的印度教徒、好的佛教徒。如何成为一个善良的人——这才是最重要的。

问：你谈到习性（制约）。这种训练会不会也是一种对心的制约，虽然它是一种正面的制约？

答：恰好相反，它是一种去除习性（制约）的过程。不是勉强将任何东西加之于我们的心上，而是自自然然地除去不净的杂质，留下善的、正面的品质。透过负面情绪的清除，呈现正面的品质，而正面的品质就是纯净的心的本来面目。

问：但是在某一段时间里，以特定的姿势打坐，而且用某种方式引导注意力，就是一种制约啊！

答：如果你把它当做游戏，或是一种机械化的仪式，那么没错——你是在制约你的心，但这样是错用了内观。正确地练习内观，它就能使你直接亲证真理，而由于这种亲身的验证，了悟就自然而然地开展，而能将所有过去的习性拔除。

问：像这样不问世事，只是整天坐在那里禅修，不是很自私吗？

答：如果最终的目标是这样，那的确很自私。但是禅修只是一个方法，帮助我们达到一个绝不自私自利的目标：一颗真正健康的心。当你生病了，你住院以图康复，你不是到医院待一辈子，你只是在那儿调养身体，然后才能健健康康地来面对日常生活。同样的，你参加内观课程，以得到心灵上的健康，然后以健康的心灵，在日常生活当中，为自己及众生谋福利。

问：即使面对他人的痛苦，仍然保持快乐和安详——这岂不是完全麻木不仁吗？

答：对于他人的痛苦感同身受，并不是说你自己必须变得伤心难过。相反的，你应该保持冷静和平稳，如此一来，你才能采取行动以减轻他们的痛苦。如果你也跟着伤心难过，徒然增加你周围的不快乐，既帮不了别人，也帮不了自己。

问：为什么我们不能生活在安详之中？

答：因为缺乏智慧。没有智慧的生活，是一个充满错觉的生活，它焦躁不安、充满痛苦。我们的首要责任，是过一种健康、和谐的生活，对自己以及他人都有益的生活。要达到这个目的，我们必须学会运用我们觉察自身、觉察真理的能力。

问：为什么非要参加十日课程来学这个方法？

答：嗯，如果你能参加更长的课程，那就更好了！但是要掌握这个方法的纲领，至少要十天的时间。

问：为什么在十天当中，我们必须留在上课的场地内？

答：因为你们是在这里动一项心灵的手术。身体的手术必须在医院里进行，在一个不会受到感染的手术室里。在这课程的场地内，你能够不受外界任何干扰地进行心灵的手术。当课程结束、手术完成的时候，你就可以再一次面对外在的世界了。

问：这个方法能治愈身体上的不舒服吗？

答：可以，但那是副产品。当心理压力消失时，许多受心理影响的身体疾病，自然不药而愈。如果心情激动，会发生身体上的疾病。当内心变得平和清净，身体上的疾病就自然而然地清除了。但是如果你把目标定在治病，而不是净化内心，那就两样都得不到。我发现那些参加课程，但一心想治病的人，整个课程期间，都将注意力放在他们的身体的不适上："今天有没有好一点？没有，没有好一点……今天有没有进步一些？没有，没有进步！"整个十天就这样浪费掉了。但是，如果只想净化内心，那么因为内观，很多疾病就会自动痊愈。

问：您认为生命的目的是什么？

答：从痛苦烦恼中解脱出来。生而为人，有殊胜的能力，能够深入内在、观察实相，并从痛苦中脱离出来。不去运用这个能力，就是浪费生命。好好运用它，过一种真正健康、快乐的生活！

问：您谈到充满负面情绪。如果是充满正面的东西呢，譬如说，爱？

答：你所说的“正面的东西”，就是心的本来面目。当心中没有了烦恼习气，就会时时充满爱——纯净的爱——你会感到安详和快乐。如果将负面情绪除去，剩下的就是正面的东西，就是清净。愿全世界都沉浸在这清净之中！

故事：自己走这条路

印度北方有一个叫舍卫城的都市，佛陀有一个供大众内观及听闻其说法的中心。有一位年轻人每天晚上都会来听佛陀说法，如此过了好多年，年轻人却从未将佛陀的教导付诸实行。

数年后的某个晚上，年轻人提早到了，发现只有佛陀一个人，便走向佛陀说："佛陀，我心中常常生起一个疑问！"

"哦？在法的道路上是不应该有任何疑问的，让我们来厘清它们吧，你的问题是什么呢？"

"佛陀，这么多年来，我一直来您的内观中心。我注意到在您的周围，有许多出家的比丘、比丘尼，还有为数众多的在家居士，或男、或女。其中一些人已经持续地来您这儿好几年了。我可以看出，有些人已经确实达到了最终的阶段；相当明显地，他们已全然解脱了。我也看到有些人的生活确实获得改善，虽然我不能说他们已完全地解脱，他们活得比以前好。但是，佛陀啊！我也看到很多的人，包括我自己在内，还是跟以前一样，有时候比他们甚至更糟，他们一点都没有改变，或者是他们并没有变好。"

"为什么会这样呢，佛陀？人们来见您这样一位伟大、全然觉悟、如此有力量又慈悲的人，您为什么不用您的法力与慈悲，让他们全都解脱呢？"

佛陀微笑着说："年轻人啊！你住哪儿？你打哪儿来啊？"

"佛陀，我住在舍卫城，就是这憍萨罗国的首府。"

"是啊，可是你的样子看起来不像是舍卫城的人。你的故乡在哪儿啊？"

"佛陀，我从一个叫王舍城的都市来的，是摩揭陀国的首府。我在几年前来到舍卫城定居。"

"那你是不是断绝了所有与王舍城的联系呢？"

"没有，佛陀，我在那里还有亲友，而且也还有生意的往来。"

"那么你一定要时常往来舍卫城与王舍城之间了？"

"是的，佛陀，我一年要到王舍城好几次，然后再回到舍卫城来。"

"既然你已经往返舍卫城与王舍城之间许多趟了，你应该很清楚这条路了吧？"

"是啊，佛陀，我非常清楚这条路，甚至可以说，即使蒙上我的眼睛，我一样可以找到去王舍城的路，因为我已经不知走了多少次了。"

"那么那些非常了解你的朋友，他们一定知道你来舍卫城，然后定居在此地吧？他们也一定知道你经常往返于王舍城，而且你也非常熟悉从这儿到王舍城的路吧？"

"是啊，佛陀，所有和我走得比较近的人都知道，我常去王舍城，而且也非常熟悉那条路。"

"那么一定有人会来向你请教到王舍城的路。你会不会隐瞒一些不说，或是会解释清楚呢？”

“有什么好隐瞒的呢？佛陀，我会尽我所知告诉他们：你们要先往东走到巴纳拉斯城，然后继续往前走到菩提伽耶，然后就到了王舍城。我会非常明白地告诉他们，佛陀！”

“那么你给了他们详细的解释之后，所有这些人是否都到达了王舍城呢？”

“那怎么可能呢，佛陀？只有那些从头到尾走完全程的人，才能到达王舍城。”

“这就是我想向你解释的啊，年轻人！人们来见我，因为他们知道，我已经走过从此岸到涅槃的道路，所以对这条路线非常熟悉。他们来问我：‘什么是通往涅槃、通往解脱的道路？’而我有什么好隐瞒的呢？我很清楚地跟他们解释：‘就是这条路。’如果有的人只是点点头说‘说得好，说得好，真是一条正道’，可是一步也不踏上这条路；‘真是一条绝妙的正道啊’，可是不费劲去走完这条路，那么这样的人怎么可能到达最终的目标呢？”

“我不会把人扛在我的肩上，带他到最终的目标。没有任何人能把人扛在肩上背到最终目标。基于爱与慈悲，他顶多会说：‘就是这条路，我就是这样走过来的。你也这样做，也这样走，你就能到达最终的目标。’但是每一个人都得自己走，自己走这正道上的每一步路。如果你往前一步，你就接近目标一步；如果往前走一百步，就接近目标一百步；如果走完了全程，就到达了最终的目标，你得自己走这条路。”（注九）

如果心情激动，会发生身体上的疾病。当内心变得平和清净，身体上的疾病就自然而然地清除了。但是如果你把目标定在治病，而不是净化内心，那就两样都得不到。

第二章

起　点

佛陀透过对其自身本质的研究，来研究人的现象。他摒弃所有的成见，探讨内在的实相，领悟到每个人都是五种运作过程的聚合体，其中四种是心理的，一种是身体的。

痛苦的原因存在于我们每个人之内。当我们了解了自己的实相，就可以体会出这个问题的解决之道。所有的智者都告诉我们："认识自己。"我们必须从认识自身的本质着手，否则就永远不可能解决自己的烦恼，或是这个世界的种种问题。

但是我们究竟对自己了解多少呢？我们每个人都深信自己很重要、很独特，但是我们对自己的认识都只是表面的。在较深入的层次上，我们对自己一点都不了解。

佛陀透过对其自身本质的研究，来研究人的现象。他摒弃所有的成见，探讨内在的实相，领悟到每个人都是五种运作过程的聚合体，其中四种是心理的，一种是身体的。

身（物质）

让我们从身体的层面开始。这是最显而易见、最清楚明白的部分，很容易就能由感官觉察到。但是我们对它真正的了解，却是少之又少。表面上看起来，人可以随着他的意志控制身体的行动。但是就另一个层面而言，所有体内的器官都不受我们的控制，它们在我们不知情的情况下运作。就更微细的层面而言，身体的每一个细胞内，不断发生的生化反应，我们完全没有体验、一无所知。然而这个层次还不是物质现象的最终实相。追究到最后，这个看似坚固实在的身体，是由许多亚原子粒子和空间所构成的。更有甚者，即使这些亚原子粒子，也不是具坚实性。一个亚原子粒子存在的时间，比一兆分之一秒还要短暂。这些粒子持续不断地生起、灭去，存在又逝去，就像一股振动之流。这就是佛陀在两千五百多年前所发现关于身体以及所有物质的最终实相。

现代科学家经由亲自研究，已经认同并且接受这个有关物质世界的最终实相。然而，他们却没有解脱、开悟。基于好奇心，他们研究宇宙的本质，并运用聪明才智以及各种仪器证实他们的理论。相对地，佛陀的动机并非仅是好奇，而是为了寻得离苦之道。除了运用自己的心去探究真理之外，他没有使用其他的工具。他所发现的真理，不是运用聪明才智的结果，而是他亲身验证所得到的。这就是佛陀得以解脱的原因。

佛陀发现整个物质世界是由许多粒子所组成，巴利文称其为 kalāpas（极微），“小得不可再分割的单位”。这些粒子以不断的变化，呈现出物质的基本特性：软硬的性质（地）、黏着的性质（水）、冷热的性质（火）和动的性质（风）。它们结合在一起，组成各种结构，似乎有某些恒常性，但事实上，都是由极其微小的“极微”组合而成，它们不断地生起又灭去。这就是物质的最终实相：波动或粒子的持续之流。而这就是每个人自称为“我”的这个血肉之躯。

心

身体的运作过程之外，还有心理运作的过程，也就是“心”。虽然摸不到也看不到，但是“心”与我们的关联似乎比“身”还要密切：我们或许可以想象，在没有了肉体之后，心仍有可能存在，但我们却难以想象，没有了心，该如何存在下去。然而，我们对心的了解，何其有限；对心的控制力，又是何其薄弱。它常常违背我们的意愿，做些我们不想要做的事。我们对意识表层的掌控力是微乎其微，至于潜意识，则似乎完全超乎我们的掌握或了解，其中充满了各种我们可能不认同或并未察觉的力量。

就像审视他的身体一样，佛陀检查他的心。他发现，从广泛、全面的角度来看，心是由四种运作过程所组成的：认知（viññāṇa，识蕴），辨别（saññā，想蕴），感受（vedanā，受蕴）以及习性反应（saṅkhāra，行蕴）。（注一）

第一种运作过程是认知（识蕴），是心接收的部分，是一种未辨别的觉察或认知的作用。纯粹只将身心上所发生的任何现象及接收到的任何信息予以接受。它只记载各种经验的原始资料，而不加以辨别名目，或做价值判断。

第二种运作过程是辨别（想蕴），是一种辨识的作用，这个部分是辨别识蕴所接收下来的任何东西。它将输入的原始资料，予以分辨、命名、归类，并且做出正面或负面的评价。

接下来的部分是感受（受蕴）。事实上，每当接收到任何信息，感受立刻生起。它是一个讯号，表示某件事情正在发生。只要不对信息加以评价，感受就会保持中性。但是，一旦对输入的资料赋予价值判断，感受就随之变得愉悦或不愉悦。

如果感受是愉悦的，就会期待这愉悦的体验能够延长或强化；如果感受是不愉悦的，就一心想将它排除终止，结果心会生起喜欢或厌恶的习性反应。举个例子来说，当耳朵运作正常，听到了声音，这是认知（识蕴）在作用。当声音被辨识出是正面或负面的语言时，辨别（想蕴）已经开始运作。紧接着感受（受蕴）开始起作用，如果是赞美之辞，就会生起愉悦感受；如果是粗言辱骂，就会生起不愉悦的感受，而习性反应（行蕴）亦随之而生：如果是愉悦的感受，我们就喜欢它，期望能多得到一些赞美；如果是不愉悦的感受，我们就讨厌它，想要终止辱骂。

其他的感官接收到信息后，也生起同样的运作过程：识

（认知）→想（辨别）→受（感受）→行（习性反应）。这四种心的运用，远比组成物质实相的粒子变化得更快。当感官接触到任何物质的瞬间，这四种心理运作过程就如电光石火般，迅速地发生。随着接下来每一接触的瞬间，这四个过程都一再重复。然而，这过程发展得如此迅速，以至于我们无法觉察到正在发生的实相。只有当某种特定的习性反应一再重复地发生了好一段时间，形成明显、强烈的心态时，我们才能在意识的层次觉察到它。

用这种方式来说明“人”，最令人震惊的不在于“人具有什么”，而在于“人没有什么”。无论是西方人或东方人，是基督教徒、犹太教徒、穆斯林、印度教徒、佛教徒、无神论者或是任何人，每个人都与生俱来地认为有个“我”存在，一个恒存不灭的自我。我们不假思索地认定，十年前的那个人，基本上和今天的这个人是同一个人，十年后也还是一样，或许死后还会继续存在于来生。无论我们相信何种哲学、理论或信仰，事实上我们每个人都带着根深蒂固的信念在过日子：“过去的我，现在的我，未来的我。”

佛陀对这种出于本能的自我认知提出质疑。他这样做，并不是提出另一种思考观点，来与其他各家的理论抗衡。佛陀一再强调，他并不是提出一种观点，而仅是叙述他亲身经历的真理，这真理是任何人都可以亲证的。佛陀曾说：

> 觉悟者已舍弃所有理论，因为他已亲见物质、感受、辨别、习性反应、认知（色、受、想、行、识）的

真相，以及它们的生起和灭去。（注二）

佛陀发现，不管表象如何，事实上，每个“人”都是一连串前后不同但相互关联的事件。每个事件都是前一事件的结果，而且毫无间断地接续下去。这些密不可分的事件接连地发生，表面上看来是连续不变的、是完全相同的一个人，但这只是表面的实相，不是最终的真理。

我们或许可以给一条河取个（固定的）名字，但事实上，它只是不断流动的水，从未在河道中稍作停留。我们可能会视烛火为持续不变的东西，但是如果我们细看就会了解，事实上它只是灯芯燃烧的瞬间火焰，然后立刻就会被新的火焰所取代，片刻不停。我们谈及电灯的光，却从来没有停下来想想，它实在就像河流一样不停地流动，一股能量因极高频率的振动，而流过灯丝。每一瞬间有新的东西生起，它是过去的产物，而在下一刻又被另一个新的东西所取代。这些事件的接续是如此迅速无间断，以至于很难加以分辨。对整个过程中的某个片段，我们不能说，现在这个片段和之前的片段是完全相同的；也不能说，它们是完全不同的。不过，流动的过程的确发生了。

同样的道理，佛陀了悟到，人并不是已经成形的、永恒不变的实体，而只是时时刻刻不停流动的过程。没有真正的“众生”，只是不断流动、不断形成的过程。当然，在日常生活当中，我们必须与人相处，彼此将对方或多或少视为有既定的、不变的本质。我们必须接受外在的、表面的实相，否则的话，就完全无法过日子了。外在的实相是一种实相，但只是表面的实相。就更深层来说，真正的实相是，整个有生命、无生命的宇宙，都处在一种持续的变化状态之中——不断地生起又灭去。每一个人事实上都是瞬息万变的亚原子粒子之流，加上认知、辨别、感受以及习性反应（识、想、受、行）的心理运作过程，这些心理的运作过程比身体（色）过程的变化还要迅速。

这就是每一个人念念不忘的“自我”的最终实相，这就是我们身处其中的身心连续事件。如果我们能直接体验，并且正确地了解，就可以找到离苦之道。

内观问答二

问：我不太确定您所说的“心”是什么意思。我找不到心。

答：心在身上无所不在，在每一个原子之中。每当你感觉到什么，心就在那里。心能够感觉。

问：那么您所说的“心”不是“头脑”啰？

答：哦！不，不，不。在西方，你们认为心只存在头脑里。这是一个错误的观念。

问：心是存在整个身体吗？

答：是的，整个身体都包含了心（注：根尘接触产生六识，六识都属于心）。

问：您都是用否定面来谈这个“我”。难道它没有肯定面的部分吗？难道没有任何“我”的体验，是令人充满愉悦、祥和和喜乐吗？

答：透过内观，你就会发现，所有这些感官上的享乐都不持久，它们来了又去。如果这个“我”真的很能享受到感官上的快乐，如果这些都是“我的”快乐，那么“我”一定对这些快乐多少有些主控权。但是它们只是生起又灭去，完全不受我的控制，哪里有“我”呢？

问：我所指的不是感官上的享乐，而是处在一个很深的层面。

答：在那个层面，“我”已经毫不重要了。当你到达了那个层次，自我就消融了，只有喜悦。这个有关“我”的问题，到那时就不存在了。

问：好吧，我们不要说“我”，就说有个“人”在体验吧。

答：是感觉本身在感觉；没有一个“人”在感觉。万事万物就这样发生，就是如此而已。现在你们觉得，似乎一定要有个“我”在感觉，但是如果你开始练习，你会达到“自我”消融的阶段，到那时你的问题就不存在了。

问：我来这里是因为我觉得“我”需要来这里。

答：是的！相当正确。平常为了方便，我们无法避免这个“我”或是“我的”。但是执著于“我”或“我的”，把它们当成究竟的实相，那样只会带来痛苦。

问：我在想，是不是有人造成我们的痛苦？

答：没有人令你痛苦，是因为你在自己心中产生了紧张才造成自己的痛苦。如果你知道如何不这样，那么在任何情况下就容易保持安详与快乐。

问：如果别人做了对不起我们的事呢？

答：你绝对不可以让别人伤害你。每当有人做了错事，他不仅伤害别人，同时也伤害他自己。如果你纵容他，就是鼓励他错下去。你必须尽你所能去阻止他，但是要对那个人心存善意、慈悲和怜悯；如果你心怀怨恨和愤怒，就会让情况更恶化。除非你的心是平静安详的，否则你无法对这样的人心存善意。所以你应该练习培养内在的安详，这样就能够把问题解决。

问：当这个世界没有和平的时候，寻找内在的安详有什么意义呢？

答：只有当世人都安详快乐的时候，这个世界才会和平。改变必须由每个人做起。如果整座丛林都枯萎了，而你想让它恢复生机，必须灌溉丛林里的每一棵树。如果你想要世界和平，你应该先学会如何让自己变得安详，唯有如此，才可能为这个世界带来和平。

问：我可以了解内观对身心失调、不快乐的人有帮助，但是对那些生活很满意，原来就很快乐的人呢？

答：一直对生活的表面享乐感到满意的人，是对内心深处的烦恼茫然无知的人。他自以为是快乐的人，但是他的快乐并不持久，在潜意识里产生的压力会不断地增加，迟早会在意识的表面呈现出来。一旦如此，这个所谓快乐的人，就变得痛苦不堪。所以何不立即开始努力，来避免这个情况发生呢？

问：您所教导的是“大乘”（Mahāyāna），还是“小乘”（Hīnayāna）？

答：两者都不是。事实上，“乘”这个字的意思，是指能带你到最终目标的交通工具，但是今日它被错误地赋予了派别的含意。佛陀从未教导过任何狭隘的派别之见。他所教导的“法”，是具有普遍性的。这种普遍性，吸引我接受佛陀的教导，并且令我获益良多。因此，我以我全部的爱与慈悲，将这人人适用的“法”，供给一切众生分享。对我而言，“法”既非大乘，也非小乘，更不属于任何宗派。

故事：佛陀与科学家

身体（物质）的实相时时刻刻都在变化，这是佛陀由检视自身而体验到的。他以高度专注的心，深入自身的本质，发现整个身体（物质）的架构是由很小的亚原子粒子组成的；而且这些微细的亚原子粒子不断地生灭变化。佛陀说，在一弹指或一眨眼间，每个亚原子粒子已经生灭几百万兆次了。

任何只看到身体表象的人对佛陀的说法会认为“不可思议”，因为身体看似如此坚实、恒常。我过去总认为“数百万兆次”只不过是一种象征用语，并非实际如此，但现代科学已证实的确如此。

许多年前，一位获得诺贝尔物理学奖的美国科学家，花了很长的时间研究，并做了许多实验以了解组成物质宇宙的亚原子粒子。原先只知道这些亚原子粒子以极快的速度，不断地生灭变化。这位科学家决定要发明一种可以测出亚原子粒子一秒中生灭多少次的仪器，他很适切地把所发明的仪器命名为气泡室（bubble chamber），而且测量出亚原子粒子一秒之内生灭了10的22次方（即1后面加22个0）。

这位科学家所发现的真相和佛陀一样，但他们之间的差异是很大的：我有一些美国学生在印度上完课程后，回到美国去拜访这位科学家，事后他们告诉我，这个人虽然发现了这个真相，但他和一般人一样有着一大堆的烦恼，并没有从痛苦中解脱出来。

是的，这位科学家并没有成为觉悟者，没有从烦恼中解脱，因为他没有亲身体证真理。他所获得的只是知性上的智慧，他相信这个真相，是由于他对自己所发明的仪器有信心，但他并没有亲身体验这个实相。

我并不是反对这个人或现代科学，但我们每个人应该不只是外在世界的科学家，我们也应该是内在世界的科学家，就像佛陀一样，亲身体证真理。亲身体证真理的人，会自然地改变心的习性模式，开始依照真理过日子，所做的每个行为都对自己和对别人有益。如果缺乏这样的内在体验，科学容易被误用而造成毁灭性的后果，但如果我们成为内在实相的科学家，我们会正确地利用科学来造福全人类。

外在的实相是一种实相，但只是表面的实相。就更深层来说，真正的实相是，整个有生命、无生命的宇宙，都处在一种持续的变化状态之中——不断地生起又灭去。

第三章

苦的直接起因

我们生命中所经历的每一件事，都是自己的行为所导致的结果。因此，只要我们能主宰自己的行为，就可以主宰自己的命运。每个人都应该为造成自己痛苦的行为负责，每个人也可以改变自己的行为以止息痛苦。

真实世界与童话世界完全是两回事，没有人能够“从此过着幸福快乐的生活”。我们无法逃避生命的真相——生命是不完美、不圆满、不尽如人意的——这就是苦的真理（苦谛）。

既然真相是如此，那么当务之急就是要知道痛苦是否有起因。如果有的话，是否能够去除苦因，以止息痛苦。如果痛苦的起因，只是一些毫无脉络可寻的偶发事件，我们完全无法控制或影响它们的发生，那么在无能为力的情况下，我们只好放弃寻找离苦之道。或者，如果痛苦是由独断独行、莫测高深的全能主宰所控制，那么我们该做的是想办法讨好这位主宰，恳求他不再降苦给我们。

佛陀体悟到，我们的痛苦并不是偶然形成的。就如同所有现象皆是其来有自，痛苦的背后也有原因。对所有的存在而言，这因果的法则——业（kamma）——是普遍而基本的。而且，痛苦的起因也不是我们所不能控制的。

业

“业”这个字（或是它较为人知的梵文字 karma），一般被解释为“命运”。不幸的是，“命运”这个字的含义，和佛陀的原意恰恰相反。“命运”是指我们所不能控制的东西，是天意，是命中注定的，然而“业”字面上的意思是“行为”。我们的行为是因，遭遇则是果：

> 众生拥有自己的行为，继承自己的行为，由自己的行为衍生，与自己的行为密不可分；自己的行为是自己的皈依处。行为卑劣或高尚，则他们的生命也一样卑劣或高尚。（众生拥有其业，继承其业，因业而生，业随其身。众生依止其业。其业卑劣或高尚，其生命亦复如是。）（注一）

我们生命中所经历的每一件事，都是自己的行为所导致的结果。因此，只要我们能主宰自己的行为，就可以主宰自己的命运。每个人都应该为造成自己痛苦的行为负责，每个人也可以改变自己的行为以止息痛苦。佛陀曾说：

> 你是自己的主人，你创造自己的未来。（注二）

事实上，每个人都像是没有学过开车，却蒙着眼睛，在繁忙的公路上开车行驶，这样想平安抵达目的地也难。他以为是自己在开车，但事实上，是车子驾驭了他。姑且不论他是否能到达目的地，只要他不想发生意外，就应该先除去眼罩，学会开车，并尽速驶离危险。同样的，我们必须清楚觉知自己的所作所为，并且学会奉行正当的行为，才能够到达我们真正想去的地方。

三种行为

行为（业）有三种：身体的行为（身业）、言语的行为（语业）、意念的行为（意业）。通常我们最重视身体的行为，其次是言语的行为，最后是意念的行为。出手打人看来要比出言侮辱要严重得多，而这两者比未说出口的恶念，也似乎更严重。当然，这种看法是根据各国人为制定的法律而来。但是，根据“法”——自然的法则——意念的行为才是最重要的。身体和言语的行为，会因为意念的不同，而产生完全不同的果报。

例如，由一位外科医师用手术刀动紧急手术救人，不幸手术失败，导致病人死亡；另一位凶手是拿刀杀死被害人。这两个人的身体行为类似，结果也相同，但是意念则是天差地别。外科医师的行为出于慈悲之心，凶手却是基于怨恨之心。由于意念上的差别，两个人的结局也会完全不同。

同样，在言语上，意念也是最重要的。一个人和同事口角，大声咒骂同事是“笨蛋”，那是因为愤怒而咆哮；而同一个人看到他的孩子在玩泥巴，爱怜地骂孩子“笨蛋”，则是出于对孩子的爱心。在这两种情况下，他说了相同的话，但所表达的却是两种相反的心念。说话时心中所存的意念，决定了我们的果报。

言语和身体的行为，以及它们表现在外的后果，都是意念行为的结果。言行的善恶，要由意念的性质来判断，所以，意念的行为才是真正的“业”，才是会在未来产生果报的原因。佛陀了解这个真理，他说：

> 万事万物，因心而生；
>
> 至要为心，万法唯心造。
>
> 若言谈举止出于不净之心，则痛苦亦步亦趋，如车轮紧随于拖车牲口之足后。若言谈举止出于纯净之心，则快乐如影随行，须臾不离。（注三）

苦的起因

然而，究竟是何种意念的行为在决定我们的命运？如果心是由识、想、受、行四蕴（四部分）组成，那么是其中哪一部分使苦生起的呢？在痛苦形成的过程中，四蕴或多或少都与痛苦的生起有关，不过前面三者基本上是被动的。识蕴（认知）只是接收经验的原始资料，想蕴（辨别）是将资料加以归类，受蕴（感受）展现出前两个步骤的发生，这三者的任务只是将输入的信息加以吸收。但是一旦心开始生起习性反应（行蕴），就由被动转变成喜爱和厌恶了。心的习性反应带动新的连锁效应，连锁效应的开始生起，就是“习性反应”，所以，佛陀才说：

任何痛苦的生起，
都起于习性反应。
如果所有的习性反应止息了，
所有的痛苦也就止息了。（注四）

真正的“业”——也就是痛苦的真正起因——是心的习性反应。这种一闪即逝的喜欢或不喜欢的反应可能不是非常强烈，也没有显著的结果，但是它却会有累积的效应。每分每秒，习性反应都重复不断地发生，每重复一次就更加强烈，最后就形成贪爱或是嗔恨。这就是佛陀在他第一次开示中所称的“渴爱”（taṇhā），其字面上的意思是“渴”。这是内心对眼前没有的东西永无止境贪求的一种习性，同时也意味着对于现状有着同样强烈而难以抚平的不满。（注五）贪求和不满越强烈，对我们的想法、言语，以及行为的影响就愈深，也因此制造更多的痛苦。

佛陀曾说，有些习性反应就像在水面划过的痕迹，立即消失；有些习性反应，就像沙滩上留下的线条，早上画的，晚上就已随着浪潮或海风消失无踪。另有一些习性反应，则像是用凿子和铁锤，深深刻在岩石上，虽然刻痕也将随着岩

石的剥蚀而消失，但是却得花上漫长的岁月。（注六）

在我们一生当中，每一天我们的心都不停地产生各种习性反应。但是，如果我们在一天结束之前试着回想，顶多只能想起当天印象最深刻的一两件。同样的道理，如果我们在一个月结束之前试着回想，顶多只能想起当月印象最深刻的一两件。同样的，在年终，我们顶多只记得那年印象最深刻的一两件。像这种深刻的习性反应，非常危险，会导致很大的痛苦。

想要从如此强烈的痛苦中解脱出来，第一步就是接受苦的事实，不要把苦当成是哲学概念或是一种信条，而是接受它存在的事实，它影响我们每一个人的生活。如此接受并对苦及苦的起因有所了解，我们就能化被动为主动。学会了直接体认自己的本质，我们就可以步上离苦的正道。

内观问答三

问：生命中有痛苦不是很自然的吗？为什么要想办法逃避呢？

答：我们一直生活在痛苦中，以至于想从痛苦中脱离，反而显得不自然了。但是，一旦你体验到内心的纯净所带来的真正快乐，你就会了解，这才是心的本来面目。

问：痛苦的经历能否使人更加高尚，并帮助人格的成长？

答：可以的。事实上，内观的方法就是将痛苦当做工具，使人变得高尚。但是，唯有你能学会如何客观地观察痛苦，这个方法才有用。如果你执著于痛苦，那么痛苦的经历就无法使你进步，你只会永远沉沦在苦海中。

问：刻意控制我们自己的行为，难道不是一种压抑吗？

答：不是。无论发生什么事情，你学会只是客观地观察。如果一个人生气了，却想要隐藏他的愤怒，忍气吞声，那么，没错，那就是压抑。但是，如果你只是观察愤怒，你会发现它自然而然就消逝无踪。学会如何客观地观察愤怒，你就从愤怒当中解脱出来了。

问：如果我们老是观察自己，我们哪还能自自然然地过活呢？我们会忙着观察自己，而没有办法自由或自发地行动了！

答：一般人上完内观课程之后会发现事实并非如此。你所学到的，是一种对心的训练，它让你在日常生活中，一旦需要时，就能观察自己。不是说终其一生你都整天闭着眼睛一直练习，而是说，就像做体能训练所得到的好体力，会在日常生活中对你有所帮助，这种对心的训练，也同样会令你强壮。你所说的“自由或自发地行动”，事实上是盲目的习性反应，它们绝对是有害的。学会观察自己，你就会发现，无论何时，当生活中有逆境发生，你都能保持心的平衡。有了平衡的心，你就能自主地决定如何行动。你会采取真正的行动，这行动永远是正面的，永远都是对你自己以及他人有益的。

问：难道没有任何事情，是偶然发生的，没有起因的吗？

答：不可能没有起因的。没有任何事情是没有起因的。有时候我们有限的感官和才智，无法清楚地找出那个起因，但这并不表示没有起因。

问：你的意思是说，生命中的一切都已事先注定了？

答：我们过去的所作所为，会产生结果，可能是善果或是恶果。它们会决定我们现在的生活形态，也就是我们现在的大致的遭遇。但这并不意味着，发生在我们身上的事，早在我们过去所作所为时，就已注定了；也不表示，我们的命运永远无法改变了。事实不是这样的。我们过去的行为，影响我们的生命之流，流向愉快或不愉快的体验，但是现在的行为也同样重要。大自然赋予我们能力，让我们可以决定自己当下的行为。有了这种自主性，我们就能改变自己的未来。

问：但是别人的所作所为，也会影响到我们吧？

答：当然。我们受到周遭的人以及环境的影响，而我们也不断地影响周遭的人。举个例子来说，如果大多数的人赞成暴力，那么战争和破坏就会发生，带来许多痛苦。但是，如果人们开始净化内心，那么暴力就不会发生。因为社会是由许多个人组成的，所以问题的根源在每一个个人的心中。如果人人都开始改变，社会就会改变，战争和破坏就会日益减少。

问：如果每个人都必须面对他自己所作所为的后果，我们如何能互相帮助呢？

答：我们的意念会影响他人。如果我们的心中充满了负面的情绪，这种负面情绪，就会对周遭的人造成有害的影响。如果我们心中充满对他人的正面关怀，充满善念，就会对周遭的人产生帮助。你无法控制他人的行为、他人的业，但是你可以成为你自己的主人，而对周围的人产生正面的影响。

问：为什么富有算是一种善业？如果是这样的话，是不是说，大部分西方国家的人都有善业，大部分落后国家的人都有恶业？

答：仅只富有，并不能算是善业。如果你家财万贯却仍是痛苦不堪，这万贯的家财又有什么用呢？拥有财富又享有真正的快乐——这才是善业。无论你是否富有，最重要的是快乐。

问：都不起习性反应岂不是很不自然？

答：如果你所经历的都是不净心念的不良习性，确实会觉得不起习性反应是很不自然的事。但是，对一颗清净的心而言，时时保持不执著（不起习性反应），充满爱心、慈悲、善念、喜悦、平等心，是非常自然的事。好好体验吧。

问：如果都不起反应，我们如何生活呢？

答：我们不要起习性反应（react），而要学习以平衡的心去采取行动（act）。内观者并不是要变成像植物一样静止不动，而是要学会如何积极正面地采取行动。如果你能将你的生活模式，从习性反应转变为正面行动，那么你就已经获得非常宝贵的东西了。经由内观的修持，你可以达到这种改变。

故事：种子与果实

种什么因，得什么果。栽什么样的种子，得什么样的果实。有什么样的行为，就会得到什么样的结果。

有个农夫在同样的土壤里种了两粒种子：一粒是甘蔗的种子，一粒是苦树的种子，苦树是一种很苦的热带植物。两粒种子种植在相同的土壤里，接受相同的水分、相同的日光、相同的空气；大自然给予它们相同的养分。两株幼苗从土壤里冒出来并开始成长，然而，长成的苦树会怎样呢？它的每一部分都是苦的，而长成的甘蔗每一部分都是甜的。为什么大自然，或者，如果你喜欢的话，为什么神对一个这么仁慈，却对另一个那么残酷呢？

不，不，大自然既不仁慈也不残酷。一切按照固定的法则来运行。大自然只是帮助种子呈现其特性。所有的养分只是帮助种子显现其自身潜在的特性。甘蔗的种子具有甜的特性，所以，甘蔗会是甜的；苦树的种子具有苦的特性，所以苦树是苦的。栽什么样的种子，得什么样的果实。

如果这位农夫走到苦树旁，向苦树鞠躬三次，绕着它走一百零八圈以表示敬意，并且供上花朵、熏香、蜡烛、水果和甜点后，他开始祈求："哦，苦树神，请生出甜芒果，我要甜芒果！"可怜的苦树神，他不能给甜芒果，他没有这种能力。如果有人想要甜芒果，他必须栽种芒果的种子。这样他就不必哀求任何人的帮助，他所得到的水果必然是甜芒果。栽什么样的种子，得什么样的果实。

我们的障碍，我们的无知是：我们不在意栽植何种种子，因而我们经常种植了苦树的种子，但是，到了收成果实的时候，我们突然警觉，我们想要的是甜芒果。于是，我们开始哀求，盼望能得到芒果。这是行不通的。（注七）

真正的“业”是心的习性反应。每分每秒，习性反应都重复不断地发生，每重复一次就更加强烈，最后就形成贪爱或是嗔恨。贪求和不满越强烈，对我们的想法、言语，以及行为的影响就愈深，也因此制造更多的痛苦。

第四章

问题的根源

我们在生命历程中，都一定会经历其他的痛苦，各种身体或心灵的痛苦。我们在痛苦中煎熬，而得不到快乐。我们得不到想要的，不想要的却反而降临到我们身上，所有这些情形都是痛苦。

佛陀曾说：

一定要探究痛苦的真相至其源头。（注一）

在他证悟的那个晚上，以坚定的意志力坐着发誓：若不能了解苦的起源以及如何将苦拔除，誓不起座。

苦

他清楚地看到，痛苦确实存在。无论它令人感到多么的不愉快，这是无法逃避的事实。随着生命的开始，痛苦也就开始了。我们记不起在母胎内的情形，但是一般的经验，都是我们号啕大哭地从母胎来到人世。出生是极大的创痛。

既然生命开始了，我们每个人都一定会经历生病和年老的痛苦。然而，无论我们病得多重，无论我们如何老迈、衰弱，没有哪个人想死，因为死亡是极大的痛苦。

一切众生都必须面对所有这些痛苦。我们在生命历程中，都一定会经历其他的痛苦，各种身体或心灵的痛苦。我们在痛苦中煎熬，而得不到快乐。我们得不到想要的，不想要的却反而降临到我们身上，所有这些情形都是痛苦。

这种种的痛苦，对于一个深思过痛苦的人而言，都是很显然的。但是成佛前的佛陀，对于这种理性局限的阐述，并不满意，他继续向自身内在探求，去体会痛苦的真正本质。他发现：

对五蕴的执著是苦。（注二）

就非常深的层面而言，痛苦是我们每个人对于这个身（色蕴）和心（识蕴、想蕴、受蕴、行蕴）的过度执著。人们对自己这个个体——身和心——有强烈的执取，而事实上，这个个体只是不断变化的过程而已。这种对自身的不实想法的执取，对一种事实上不断生灭变化的东西的执取，就是苦。

执取

执取有好几种。第一种就是习于追求感官享乐的执取。

上了毒瘾的人之所以会吸毒，是因为他想体会毒品在他身上造出来的愉快感受，虽然他知道吸毒只会加深他的毒瘾。同样的，我们对于贪爱这个习性，也上了瘾。一旦某个欲望满足了，我们就生起了下一个欲望。所执取的对象其实是次要的，事情的真相是，我们渴求这种贪爱的状态能不断地持续，贪爱本身又会在我们身上制造出愉悦的感受，而我们希望愉悦的感受能不断延续。结果，贪爱成为我们无法打破的习惯，一种瘾。就如同上了毒瘾的人，会渐渐对他所吸的毒品麻木，因而需要更大的剂量，才过瘾一般，我们的贪爱如果愈去满足就愈强烈。像这样，我们永远无法止息贪爱。而只要我们有贪爱，我们就永远不可能快乐。

另一个很大的执著，就是对“我”的执著，这个自我，这个我们认同的自我形象。对每个人而言，“我”是全世界最重要的人。我们像是周围满布铁屑的磁铁，自动地将铁屑以自己为中心排成图形。我们不假思索全都本能地想根据自己的喜好来安排这个世界，祈求吸引愉快的事物，排除不愉快的事物。但是没有任何人是独自存在这个世上的，某个“我”一定会和另一个“我”起冲突。每个人所制造出来的图形，都会被别人的磁场所干扰，而我们自己也会被吸引或被排斥，其结果只有不快乐与痛苦。

我们的执取，也并非仅限于“我”：我们还将执取延伸到“我的”，任何属于我们的东西。每个人都对自己拥有的东西，产生很大的执取，因为它与我们有关。这些东西增强了“自我”的形象。如果这个所谓“我的”是永恒不变的，而且这个“我”可以万古常存，永远享有“我的”，那么这种执取就不会造成任何问题。但是事实上，“我”和“我的”迟早会分道扬镳。离别的时刻一定会来临。当时候到了，若对“我的”执取愈深，痛苦就会愈强烈。

更进一步地延伸执取，就是对“我的见解、信仰”的执取。无论它们真正的内容是什么，无论是正确或错误的，只要对它们产生执取，就一定会不快乐。每个人都深信，自己的见解和传统是最好的，一旦有人批评，我们就会十分不悦。如果我们想要解释自己的看法，别人却不接受，我们也同样会十分不快乐。我们没有认清，每个人都有自己的信念。辩论谁的意见正确，并无意义。比较有益的办法，是将任何成见放到一边，试着去看清真相。但是我们无法做到放弃对自己见解的执取，因而我们一直不快乐。

最后，是对宗教仪式和典礼的执取。我们常强调宗教的外在形式，而较不重视其所蕴含的精髓；而且我们通常会觉得，不遵行这些典礼仪式的人，绝不是一个真正虔诚的信徒。我们忘了，缺少了宗教的精髓，它的形式层面只是空壳子。如果一个人心中始终充满愤怒、狂热和恶意，那么虔敬的课诵或遵行仪式是没有用的。真正虔诚的信仰，是培养内心的虔诚的态度，也就是心的净化，对众生的爱与慈悲。但是对宗教外在形式的执取，导致我们对形式的重视，远超过对其精髓的重视。我们忽视了宗教的本质，致使我们沉沦在苦海之中。

无论是何种痛苦，所有的痛苦都与这里所提的某种执取相关。执取和痛苦同时存在。

缘起法则

是什么造成执取呢？执取是如何生起的呢？未来的佛陀（指悉达多王子）分析他自己本身而发现执取的形成，是由于刹那刹那喜爱与厌恶心理的习性反应。这些短暂、无意识的心理反应，一刻接着一刻地不断重复、加强，形成强大的引力和推力，形成我们所有的执取。执取其实就是刹那刹那的习性反应所发展出来的形态，这就是痛苦的直接成因。

是什么造成喜爱和厌恶的习性反应呢？他深入观察之后看出，习性反应的发生，是由于感受。我们感觉到愉快的感受，便开始喜欢它；我们感觉到不愉快的感受，便开始讨厌它。

那么为什么会有这些感受呢？它们是如何生起的呢？他更进一步向内检视，他发现：感受的生起，是由于接触——眼睛接触到影像；耳朵接触到声音；鼻子接触到气味；舌头接触到味道；身体接触到可触知的东西；心接触到念头、情绪、想法、想象或记忆。我们经由五种感官以及心体验这个世界。每当某种对象物体或现象接触到六根（即眼、耳、鼻、舌、身、意）之一，愉悦或不愉悦的感受就生起了。

那么，为什么接触会发生呢？未来的佛陀看出，因为有六根（五种感官以及心）的存在，接触就会发生。这世界充满不计其数的现象：影像、声音、气味、味道、可触知之物、各种念头和情绪（即六尘：色、声、香、味、触、法）。只要接收的六根运作正常，接触是无可避免的。

那么为何有六根的存在呢？因为它们是来自身心之流（名色）。而为什么有这身心之流呢？它是由何而起的呢？未来的佛陀了解，这种过程的生起，是由于“识”，这是一种将世界分为能知和所知、主体和客体、“我”和“他”的认知行为。由这种划分，就有了个体的“出生”。每一个片刻，识一生起，就有某种特定的身、心的形式。在下一个片刻，识又变成一个稍微不同的形式。在人整个存在的过程中，识不停地流动、变化。最后到了死亡的一刻，识仍不停止，毫不间断，心识在下一个片刻中，又变成一个新的形式。从一个存在到下一个存在，生生世世，心识之流持续不已。

那么，是什么形成这心识之流呢？他看到，心识之流的生起，是由于习性反应。心片刻不停地起习性反应，每一个习性反应都是心识之流的推动力，使它延续到下一刻。习性反应愈强烈，它供给的推动力就愈大。片刻间的轻微习性反应，只能让心识之流持续片刻。但是刹那刹那好恶的习性反应，如果强化成为贪爱或嗔恨，它的力量就增强，使心识之流持续好几个片刻，好几分钟，甚至好几个小时。如果贪爱、嗔恨的习性反应更进一步加强，就会让心识之流持续数天、数月、数年。如果一个人终其一生，都不停地重复、强化某些习性反应，这些习性反应所形成的力量，会让心识之流，不仅从此刻持续到下一刻，从一天持续到另一天，从一年持续到另一年，甚至从此生持续到来生。

而这些习性反应是由何而生呢？他观察实相的最深层而了解到，习性反应的发生，是由于无明：我们并不知道自己生起习性反应的这个事实，也不知道自己对什么对象生起反应。我们对存在的无常、无我的性质完全无知：我们也同样不知道，对存在的执著就会带来痛苦。因为不知道自身真正的本质，我们盲目地起反应；因为不知道我们已起了习性反应，我们持续地盲目反应下去，并且任由它们愈演愈烈。因此，由于无知，我们被困在习性反应的牢笼中。

这就是痛苦之轮开始转动的方式：

若无明生起，习性反应就发生（无明缘行）；

若习性反应生起，心识就生起（行缘识）；

若心识生起，心和身就生起（识缘名色）；

若心和身生起，六根就形成（名色缘六处）；

若六根生起，接触就发生（六处缘触）；

若接触生起，感受就发生（触缘受）；

若感受生起，贪爱、嗔恨就产生（受缘爱）；

若贪爱、嗔恨生起，执取就产生（爱缘取）；

若执取生起，未来的存有就形成（取缘有）；

若未来的存有形成，生就开始（有缘生）；

若有了生，就有老、死、愁、叹、身心之苦、忧以及恼（生缘老、死、愁、叹、苦、忧、恼）；

如此大苦蕴聚生起了。(注三)

就是这因果链——缘起的法则——将我们带到目前存在的状态，并且面对一个有苦的未来。

终于，他清楚了解真相：痛苦始于对自己本身的实相无知，对所谓的“我”的这个现象的愚昧无知。而苦的下一个起因，就是心的习性反应。我们被无明所蒙蔽而累积贪爱、嗔恨的反应，盲目反应发展为执取，导致种种不快乐。这种盲目反应的习惯就是业，塑造了我们的未来。而习性反应之所以生起，是由于对自己本身性质的无知。无知、贪爱和嗔恨是生命中所有痛苦的三大根源。

离苦之道

未来的佛陀（指悉达多王子）在了解了苦及苦的起因之后，他所面对的下一个问题是：如何止息苦？他想到业的法则，因果的法则：

此有故彼有；此生故彼生；此无故彼无；此灭故彼灭。(注四)

每一件事物都是因缘和合而生。若因缘灭，则结果亦灭。这么一来，可以将苦生起的过程逆转：

若根除无明，并将其完全止息，习性反应就止息了（无明灭则行灭）；

若习性反应止息了，心识就止息了（行灭则识灭）；

若心识止息了，心和身就止息了（识灭则名色灭）；

若心和身止息了，六根就止息了（名色灭则六处灭）；

若六根止息了，接触就止息了（六处灭则触灭）；

若接触止息了，感受就止息了（触灭则受灭）；

若感受止息了，贪爱、嗔恨就止息了（受灭则爱灭）；

若贪爱、嗔恨止息了，执取就止息了（爱灭则取灭）；

若执取止息了，未来的存有就止息了（取灭则有灭）；

若未来的存有止息了，生就止息了（有灭则生灭）；

若生止息了，老、死、愁、叹、身心之苦、忧以及恼就止息了（生灭则老、死、愁、叹、苦、忧、恼灭）；

如此大苦蕴聚止息了。（注五）

如果我们不再有无明，就不再有盲目的习性反应，也不会有随之而来的各种痛苦。而一旦不再有痛苦，我们就能体验到真正的安详、真正的快乐。痛苦之轮就转成解脱之轮。

这就是悉达多·乔达摩所证悟的，这就是他对众生所教导的。他说：

> 你做了不对的事情，
> 就染污了自己；
> 不做不对的事情，
> 就净化了自己。（注六）

每个人对于造成自己痛苦的习性反应，都要负起责任。承担自己的责任，我们才能学会如何灭苦。

连续的存在之流

佛陀用“十二缘起”之轮，解释轮回（samsāra）的过程。在佛陀时代的印度，这个概念是普遍接受的事实。对今日许多人而言，它似乎是一种非常怪异，甚至难以理解的理论。然而，在接受或否定它之前，应该先了解它是什么，不是什么。

轮回是一个重复的循环，是前世和来生的延续。我们的行为是驱使我们生生相续的动力。每一生的卑下和高贵，取决于我们过去行为的低劣和高尚。从这个角度来看，这种概念和许多宗教所教导的，根本上并没有不同。认为有一个未来的存在，在那儿，我们会因为此生的所作所为而得到赏罚。然而佛陀体悟到，即使最尊贵的境界，痛苦依然存在。因此，我们的努力，不应该是为了求得幸福的来生，因为没有任何来生是全然幸福的。我们的目标应该是从所有的痛苦中解脱出来。当我们将自己从痛苦的循环中释放出来，就会体验到纯然的快乐，远胜于任何世俗的享乐。佛陀教导我们就在此生体证此种快乐的方法。

轮回并不是一般人所认为的，有一个不变的灵魂或自我，在一次又一次的生死中转世投胎。佛陀说，恰恰不是这样。他强调没有一个恒久不变、生生世世接续不已的实体：

> 就如同牛奶从乳牛而来，凝乳从牛奶而来，奶油由凝乳而来，清奶油由粗奶油而来，精制奶油由清奶油而来。当它是牛奶的时候，不会被认为是凝乳，或是粗奶油，或是清奶油，或是精制奶油。同样的，无论何时，只有现在的存在状况是真的，而非过去的或未来的存在状况。（注七）

佛陀认为，并非有一个固定的自我，在生生世世中一再轮回，但也并非没有前世或来生。相反的，佛陀体悟到，并且教导我们：只要我们的行为不断给这个过程推动力，这个存有的过程是会一个接续一个存在下去的。

即使有人相信这一辈子是唯一的存在，仍是与缘起之轮有所关联。每一刻当我们对自己的盲目反应茫然无知，我们此时此刻就会体验到痛苦。如果我们能除去无明，不再盲目反应，我们就可以在当下体会到安详。天堂和地狱就存在于此时此地，它们可以就在今生，在此身内体验。佛陀曾说：

> 即使有的人认为没有其他的世界，行善行恶在未来并没有赏罚，但是一个人可以就在此世过得快快乐乐，只要他能让自己远离憎恶、恶念以及焦虑。（注八）

无论是否相信前世或来生，我们仍然面对此世由于盲目反应所引起的问题。对我们而言，最重要的是立刻去解决这些问题，采取步骤终止盲目反应的惯性，以终止我们的痛苦，并且当下体验解脱的快乐。

内观问答四

问：难道没有好的贪爱或嗔恨吗——例如痛恨不义，渴望自由，恐惧身体上的伤害？

答：嗔恨和贪爱绝不可能是好的。它们只会让你紧张，不快乐。如果你行动的时候，心怀贪爱或嗔恨，也许目的是值得的，但你却是用不健康的方法去完成。当然你必须行动以保护自己免于危险。但若是出于恐惧而为之，则会生成恐惧的情结，长此以往，将会伤害到你自己。或是出于愤恨之心，即使成功地战胜了不义，但是愤恨却变成了一种有害的心理情结。你必须对抗不义，你必须保护自己免于危险，但是你可以用一颗平衡而不紧张的心去做。以平衡的心，出于对众生的爱，你可以努力达到好的结果。心的平衡永远有帮助，可以得到最好的结果。

问：想得到一些物质的东西，来让生活过得更安适一点，这有什么不对呢？

答：如果那种需要是真的，就没有什么不对，只要你不对它产生执著。例如说，你口渴，想喝水，这里面就没有什么不对的。你需要水，所以你采取行动，拿到水，而解了渴。但是如果它变成一种非得到不可的执取，就没有一点帮助，反而会伤害你。任何你需要的必需品，你正当以求。如果无法得到，就微笑着用别的方法再试一下。如果成功了，就要以不执取的心态来享受你得到的成果。

问：对于计划未来，也是贪爱吗？

答：同样的，衡量的标准是看你有没有执著于你的计划。人人都会预先设想未来。如果你的计划没有成功，就哭哭啼啼，该知道，你产生执著了。但是如果你不成功，仍然可以微笑地想："嗯，我已经尽了全力。所以失败了又有什么关系，下次再试就是了。"这就是不执著，你也就能常保快乐。

问：停止"缘起之轮"，听起来像是自杀、自我毁灭。我们为什么要那样呢？

答：想毁灭自己的生命是绝对有害的，如同生命的贪恋也一样有害。相反的，我们应该学会顺其自然，不贪恋任何东西，即使是解脱，也不要贪恋。

问：但是你说，一旦习性反应之链最后终止了，再生也就停止了。

答：是的，但那是未来久远的事。好好关心此生吧！不要担心未来。把现在的日子过好，未来自然会好。确实，当所有造成新生命的习性反应都止息了，生死的过程就停止了。

问：那么这不就是毁灭、灭除吗？

答：是"我"这个幻象的毁灭，是"痛苦"的灭除。这就是"涅槃"这个字的意义：燃烧的止息。每个人都片刻不停地在贪爱、嗔恨、无明中燃烧。当燃烧停止，痛苦也就停止了，到时所剩的只有正面的东西。但是要用语言文字加以形容却是不可能的，因为它是超越感官范畴的。你必须在此生中体验它，才能知道那是什么。到时，对毁灭的恐惧就消失了。

问：到时心识会怎么样呢？

答：何必担忧那个呢？思考某种只可体会、不可言传的东西，是毫无帮助的。这只会令你忘了真正的目的是努力达到目标。当你达到那个阶段，你会乐在其中，所有的疑问都会一扫而空，你再也不会有任何疑惑了。努力去达到那个阶段吧。

问：对这个世界没有执取，人们怎么生活下去呢？如果父母什么都不执取，他们可能会对孩子漠不关心。人怎么可能毫不执取地去爱、去过日子呢？

答：不执取并不意味着漠不关心，正确的说法是“圣者的无分别心”。身为父母必须用全部的爱负起照顾孩子的责任，但没有执取。出于爱心，你做你该做的事。假如你悉心照顾的病人，病情毫无起色，你并不会因此而哭泣，因为那是无济于事的。你试着以平衡的心，找出其他的方法帮助他，这就是“圣者的无分别心”：既不是冷漠以对，也不是以习性反应生起忧虑，而是以平衡的心，采取真正正面的行动。

问：好难噢！

答：是的，但这正是你必须要学的。

故事：石头与奶油

某天，有个年轻人哭泣不止地来到佛陀面前，佛陀问他："年轻人，怎么回事？"

他说："我父亲昨天去世了！"

佛陀说："那能怎么办呢？如果他已经去世了，哭也不能使他起死回生。"

年轻人说："是的，这我明白，哭并不能使我父亲再活过来，但我求您能为我死去的父亲做一些事。"

佛陀说："哦？我能为你死去的父亲做什么呢？"

年轻人说："请想想办法吧！您这么有能力，一定办得到的！您看，那些资历尚浅的巫师、术士都会为死者举行某些仪式。只要在人间举行某些仪式，通往天堂之门就会打开，死者便可以进入，得到入境许可证。佛陀啊！您这么厉害，如果您为我死去的父亲作法，他不仅可以拿到入境许可证，甚至可以永久居留——拿到绿卡！拜托您帮帮忙吧！"

这个可怜的家伙伤心欲绝，听不进合理的话，佛陀决定用其他方法让他明白。所以佛陀就说："好吧！你去市场买两只壶。"年轻人很高兴，心想佛陀答应替他父亲举行仪式了。他跑到市场买了两只壶回来。佛陀说："很好，把一只壶装满奶油。"年轻人照做了，"另一只壶装满小石头"，他也照做了。"现在把壶口都封住"，他封好了。"现在把它们丢到池塘里去”，年轻人也照做了。两只壶都沉到水底了。佛陀又说：“现在去拿根大木棒来，敲破这两只壶。”年轻人很高兴，心想佛陀正为他的父亲举行非常庄严的仪式。

依照古老的印度习俗，人死后，他的儿子就把尸体带到火葬场，放在柴堆上点火燃烧。当尸体烧到一半时，儿子要拿一根大木棒敲破死者的头颅。根据古老的信仰，只要在人间敲开死者的头颅，通往天堂之门也就打开了。所以年轻人心想：“昨天父亲已被烧成灰，现在佛陀用敲破泥壶来作为象征。”他很满意这种仪式。

年轻人听从佛陀的指示，拿木棒敲破了两只壶。其中一只壶的奶油立刻浮上来，漂浮在水面上；另一只壶的小石头散了出来，沉到水底。然后佛陀说：“好了，年轻人，我所能做的就是这样啰！现在你把那些巫师、术士通通请来唱诵祈祷：‘哦！石头，浮上来，浮上来。哦！奶油，沉下去，沉下去！’让我看看会发生什么事。”

“喔！您在开玩笑吧，这怎么可能呢？石头比水重，只会沉到水底，不会浮上来，这是自然的法则；而奶油比水轻，只会浮在水面上，不会沉下去，这也是自然的法则呀。”

佛陀说：“年轻人，你对自然法则了解不少，但你尚未体验这个自然法则：如果你父亲一生的所作所为都像石头一样重，那他必定会往下沉（坠入恶道），谁能让他上升呢？如果都像奶油一样轻，他必定会上升（进入善道），谁能拉他下去呢？”

我们越早体验自然法则，并依照自然法则生活，就能越早脱离痛苦。（注九）

第五章

戒的训练

想要往内深观，就需要一颗平静而不受干扰的心。我们一旦做了坏事，心中就会忐忑不安，失去平静。必须远离诸恶行，心才有可能变得安详，也才能够开始往内深观。

我们修行的目的，就是为了去除痛苦。而要止息痛苦，必先止息痛苦的起因——贪、嗔、痴。佛陀发现了一条可以根除痛苦的实修之道，他自己照着这个方法修行，并且将它教导给众生。这条实修之道就是“八圣道”。曾经有人要求佛陀用几句简单的话来解释八圣道，于是佛陀说：

诸恶莫作，
众善奉行，
自净其意，
此乃觉悟者的教导。（注一）

这个解释浅显易懂，大家都同意我们应该避免有害的行为，应该诸恶莫作，众善奉行。但是我们该如何定义何者有益？何者有害？又何者为善？何者为恶？通常当我们决定善恶的标准，所凭借的是个人的观点、传统信仰以及私人的喜好与偏见，结果我们所得到的定义，都是狭隘而偏颇，不能使大家所接受。佛陀不用这些狭隘的解释，他提出了一个分辨善恶好坏而可以放诸四海皆准的方法：任何行为，若会伤害他人或是干扰到他人的安详和谐，就是不好的行为，也就是恶行；而任何可以帮助他人、令他人安详和谐的行为，就是好的行为，也就是善行。再进一步来说，心要达到真正的清净，不是靠宗教仪式或是道理上的分析，而是要靠自己直接体悟自身的实相，并且按部就班地拔除令苦生起的种种习气。

八圣道可以分为三个阶段的训练，也就是戒（sīla）、定（samādhi）、慧（paññā）三学。“戒”是道德修养的训练，戒除所有不良的言语和行为；“定”是专注力的训练，培养念念分明的能力，让我们能够主导并且控制自己的心念；“慧”是智慧，也就是培养清净的洞察力，以照见自己的实相。

持戒的重要性

任何人想修持正法都必须由持戒开始。持戒是修行的基础，没有了这个基础，就永远无法向前迈进。我们要戒除任何伤害他人的言行举止，因为只有这样的道德修养，才能杜绝社会乱象，这个道理是很明显的。但是事实上，我们之所以要持戒，是因为不良的言行举止，不仅会伤害到他人，也会伤害到我们自己。试想当一个人做了坏事——侮辱他人、杀生、偷盗、强暴等恶行，却希望自己心中不受任何煎熬、不起任何贪爱与嗔恨，那是绝对不可能的。贪爱和嗔恨生起的那一刻，不仅带来眼前的不快乐，更为未来的无边烦恼种下苦因。

佛陀说：

现在燃烧，以后也燃烧，
为恶的人身受双重苦；
现在快乐，以后也快乐，
积善之人享受双重乐。（注二）

我们不必等到死后才体验天堂与地狱，我们活着时，在自身之中就能体验得到。我们做不好的行为，就体验到贪爱与嗔恨的地狱之火；我们做好的行为，就体验到内在安详的天堂。因此我们戒除不好的言语与行为，不仅可以利益他人，也可利益自己，并可避免对自己造成伤害。

持戒还有另外一个原因。我们都希望能深入观察自己，培养洞察力，以照见自身的实相，这有赖一颗非常清明平静的心。池水若是搅扰不定，就无法看清它的深处；同样的，想要往内深观，就需要一颗平静而不受干扰的心。我们一旦做了坏事，心中就会忐忑不安，失去平静。必须远离诸恶行，心才有可能变得安详，也才能够开始往内深观。

还有另一个原因说明为何持戒是必要的：实践正法的人，努力不懈想要达成解脱一切苦的最终目标。因此他必须谨言慎行，远离所有会令旧有习性增长的行为。所有会伤害他人的言行举止，都是因贪、嗔、痴而起，随贪、嗔、痴而来的。所以只要做了任何有害众生的事，都等于在修行的道路上不进反退，阻碍了解脱道上的进展。因此，持戒是必需的，不只为了社会整体，也为了每一成员的利益；不只为了个人世俗的利益，也为了要在法的道路上前进。

八圣道中有三部分是属于持戒的训练：正语、正业和正命。

正语（正当的言语）

说话必须纯洁有益，纯洁要靠去除不净来达成，因此首先要了解，不净的言语是由什么组成的。不净的言语包括：（一）说谎，也就是言过其实，或是隐瞒真相；（二）搬弄是非；（三）背后中伤以及诽谤他人；（四）说话尖酸刻薄，令人痛苦不堪，且对人毫无益处；（五）无意义的飞短流长，浪费自己及他人的时间。只要戒除这些不净的言语，那么所说的自然就是“正语”了。

但正语并非只有消极的意义，佛陀曾说过，修持正语的人：

> 说话诚实坦白、正直可靠；化解争端、促进团结。以和谐为乐、以和谐为贵，舌灿莲花，制造和谐的气氛。用词柔和、悦耳、仁慈、温柔、有礼、合宜。根据事实、权衡轻重、遵循法理，在恰当的时机才开口说

话。所言皆值得传颂、合时合理、谨慎恰当、振奋人心。(注三)

正业（正当的行为）

行为也必须要清净。如同“正语”，我们也必须了解何者构成不清净的行为，如此才可戒除它们。不清净的行为包括：（一）杀生；（二）偷盗；（三）不当的性行为，如强暴或通奸；（四）饮酒吸毒，神思恍惚，而不知道自己说了或做了什么。只要避免这四种不当的行为，所做的自然就是正当、有益的行为了。同样的，正业也不仅是一个消极概念。佛陀形容行正业的人：

> 干戈不兴，避免伤害任何生命；充满慈爱，为众生谋福；光明磊落，清净地过活。(注四)

戒律

对于过着世俗生活的凡夫而言，要修正语与正业的方法，就是持守五戒，也就是：（一）戒杀生；（二）戒偷盗；（三）戒邪淫；（四）戒妄语；（五）戒除烟酒毒品。五戒是道德行为的基本要求，任何想修持正法的人都应该遵循。

在一生中，有时有机会把俗务暂置一旁，或许有几天，或许只有一天，来专心净化内心，寻求解脱。这段时间是慎重修持正法的好时机，因此言行上必须比日常生活中更为小心谨慎。要注意避免任何会干扰净化内心的行为，所以这时要遵守八戒，包括基本的五戒。五戒的“戒邪淫”，由不可从事不当的性行为，改为不可从事任何性行为（戒淫）。再加上三戒：（六）戒除不当时间的吃食（亦即要过午不食）；（七）戒除感官的享乐及身体外表的装饰；（八）戒除使用华丽的床铺。戒邪淫及增加的戒律是为了促成往内深观所需的平静与警觉，有助于心不受外界的干扰。在密集修习正法的课程中才需守八戒，课程结束，在家可以用五戒作为行为的准则。

至于出家的比丘、比丘尼，有十戒要遵守。十戒包括上述的八戒，将第七戒分成两戒，再加上一戒：戒除收钱。在此期间必须完全接受信众供养，才能全心净化内心，以利己利人。

持戒，不论是五戒、八戒或十戒，并非空洞的传统规定。“戒”的字义就是“增强训练的步骤”，是确保正语和正业，不伤人伤己的实际方法。

正命（正当的谋生）

每个人都应该有正当的谋生方法。“正命”有两个依据的标准。首先，谋生的方法不可以触犯五戒，因为犯了五戒的行为，很明显地会给他人带来伤害；更进一步来说，谋生的方法也不可以促使他人犯五戒，因为这么一来，也同样会给他人带来伤害。无论直接或间接，我们的谋生方法都不该伤害到众生。因此任何牵涉到杀戮的行业，无论是杀人或动物，毫无疑问地，绝对不是正命。然而，即使杀生的事是他人所为，自己只是处理贩卖被屠宰的动物，及其皮毛、骨、肉等，这仍旧不是正命，因为如此一来，等于是靠他人的错误行为来谋生。卖酒或贩毒是可以赚大钱，但是这等于鼓励他人酗酒、吸毒，即使自己本身不喝酒、不吸毒，仍旧会伤害到他人；开设赌场是可以获得暴利，但是所有去赌博的人，都是在伤害自己；贩卖有毒药剂、军火武器、炸药、导弹等也许是一本万利，但它却破坏了和平，陷大众于水深火热之中，所以这些行业都不是正命。

同样的，即使所做的工作不会真正伤害他人，但却心存恶念，希望别人受到伤害，那也绝对不是正命。一心希望来场瘟疫以赚大钱的医生，和一个期待饥荒带来好生意的商人，这种心态下的谋生方式就不能称为“正命”。

每个人都是社会的一分子，所以我们要努力工作、服务他人，尽我们对社会的责任。同时，因为我们努力地付出，使我们能够获得一些实质的回报，用以维持生活。即使是出家人，也有他该做的工作，以得到人们的布施：就是努力地净化他的内心，以求自度度人。如果靠欺骗、施展神通或是谎称已达到某种境界等，来摆布他人，就不是正命了。

我们工作所得的报酬，是用来维持自己以及家人的生活。若是行有余力，至少应将其中一部分回馈社会，为众生谋福利。所以只要从事的行业，是为了在社会上做一个有用的人，以维持生计，同时帮助众人，那么这份工作就称得上是“正命”。

在内观修习中持戒

每个人要正语、正业和正命，因为利己又利他。内观课程中，提供了持戒的机会。这段期间，大家都在密集实践正法，因此所有旧学员都要遵守八戒。不过，对于初次上课或身体不适的人，有个宽容：他们可有简单的晚餐。因此，这些人只算是守五戒，虽然在其他方面，他们实际是守八戒。

除了持戒，所有学员必须宣誓禁语，直到课程的最后一天。他们可以跟老师或事务长报告，但不可与其他学员讲话。如此，可将分心减到最少；大家可以生活在一起而不会互相干扰。在这安详、平静又平和的气氛中，才可能从事精细的往内深观。

内观者为了往内深观，他们的食宿由旧学员所布施，这些费用是别人捐献的。因此，在课程中他们多多少少像真正的出家人一般，靠他人的施舍过活。为了自己也为了他人的好处，要尽全力用功，内观者在内观课程中就过着正命的生活。

持戒是正法中不可或缺的部分。不持戒，在法的道路上不会有进展，因为心会太过激动、焦躁而无法探索内在实相。有些人说无需持戒也可能修养心性，无论他们怎么做，这些人并非遵守佛陀的教导。不持戒，有时可能体验到忘形恍惚的各种状态，并认为这是灵修的成就，那就错了。不持戒，我们绝不能离苦得解脱，也不能体验最终的真理实相。

内观问答五

问：坚持正当的行为，算不算是执著呢？

答：不是。只要尽你的能力去做，了解到结果不是你所能控制的。尽你所能，但将结果顺其自然、留给正法（谋事在人，成事在天）。

问：那就是说，愿意尝试错误啰？

答：如果你做错了，接受它，下次不要重复同样的错误。如果又失败了，你笑一笑，再试试别的方法。如果你能在面对失败时，一笑置之，你就不是执著。但如果失败使你沮丧忧伤，成功让你得意忘形，你就是执著。

问：那么说来正当的行为，只是你所做的努力，并不是结果？

答：不是结果。如果你的行为是好的，结果自然就会是好的。正法自会处理结果的事。我们没有能力去选择结果，但我们可以决定自己的行为。只要尽你的能力去做就对了。

问：无心意外地伤害了他人，也算是不好的行为吗？

答：不算。必须是蓄意害人且造成伤害，这样才算是构成不好的行为。守戒不应该太极端，否则既不实际也没有好处。从另一方面来说，如果你不留意自己的行为，以至于不断对他人造成伤害，然后你又以无心为借口，来原谅自己，这种做法也是同样危险。正法教导我们要念念分明。

问：正当与不正当的性行为之间有何不同？问题是不是出于自愿与否？

答：不是的。在一般人的生活当中，性是有其恰当的地位，不应该强制去压抑它，因为强迫性的禁欲，会制造紧张，从而产生更多的问题、更多的困难。但是，如果你放纵性欲（只要激情生起，就放任自己与任何人发生性行为），那你永远无法从激情中解脱出来。要避免这两种同样危险的极端，正法提供了一条中庸之道，夫妇间维持健康的性行为并不妨碍心灵的修养。如果你的伴侣也是内观者，任何时候情欲生起，双方可以好好观察（自身的感受），这样既不压抑也不放纵，借由观察，你会很容易从情欲中解脱。偶尔夫妇之间仍会有性行为，但是慢慢地会发展到某个阶段，性行为已不具任何意义了。这是自然的不淫阶段，心中没有一丝一毫情欲念头的生起。不淫所带来的喜悦会远超过性欲的满足。内观者会经常觉得满足与和谐，我们必须去学习体验这种真正的快乐。

问：在西方，有许多人认为，成年的男女双方，在彼此同意之下，是可以发生性行为的。

答：这种观点与正法是背道而驰的。和许多人发生性行为会不断增加自己的情欲，也就是增加自己的烦恼。你必须忠于你的伴侣或者洁身自爱（不淫）。

问：是否可以借用药物来帮助体验某种意识、某种不同的境界？

答：有些学生告诉我使用药物的经验与禅坐的经验相类

似。无论是否真的如此，以药物引导而得到的体验是一种对外在媒介的依赖。正法教导你做自己的主人，使你能依自由意愿随时体验实相。另一个很大的差异是，使用药物后会丧失心智的平衡而伤害自己。依正法来体验真理，会使内观者内心更平衡，不会对自己或他人造成伤害。

问：第五戒是戒绝烟酒毒品或是戒绝因烟酒毒品而丧失心智？毕竟适量饮酒，不喝得酩酊大醉，似乎没有特别的害处。你认为连喝一杯酒也算破戒吗？

答：即使是饮少量酒，最后也会发展成对酒精的贪恋。不知不觉中，已走向上瘾的第一步；这样对你和他人都是一种伤害。每个上瘾的人都是从只喝一杯开始。为什么要踏上痛苦的第一步呢？如果你很认真地修行后，某天在无意间或在社交聚会时喝了一点酒，你会发现那一天的内观效果不好。法与烟酒毒品是不能并行的。如果你真心想修行有成，就必须远离所有令你上瘾的烟酒毒品等，这是无数修行者的经验之谈。西方人对不邪淫和不饮酒这两条戒律特别需要了解。

问：人们常说："只要感觉好，那就准没错。"

答：那是因为他们不了解真相。当你因憎恨而行动，你自然会觉察到心中的焦虑、烦乱。当你因贪爱而行动，心的表面虽然显得愉悦，但内心深处仍有焦虑。你的愉悦是出于无知。如果你知道这样的行为会造成多大的伤害，自然你就不会这么做了。

问：肉食算不算是犯戒？

答：不算，除非是你自己亲手宰杀。如果菜肴中恰好有肉食，而你享受其滋味就像你享受其他的食物，这样并没有犯戒。但由于肉食，你间接鼓励他人犯戒杀生。并且在较细微一点的层面来说，肉食会造成对你自己的伤害，因为动物时时刻刻生起贪嗔，却没有能力自我观察、净化其心。它们的肢体组织充斥着贪嗔。当你吃肉食时，你就会吃进这些。内观就是为了要根除贪嗔，所以避免吃这类的食物是有益的。

问：这就是课程中只提供素食的原因吗？

答：是的，因为这样对内观者最有益。

问：日常生活中吃素呢？

答：那是有益的。

问：就内观者而言，赚钱怎能算是可以接受的行为呢？

答：如果你修行正法，即使没赚钱，也会快乐。如果你赚了钱但不修行正法，你还是不会快乐的。法比赚钱重要。人生于世，必须自食其力，必须诚实而努力地工作赚钱，这样做并没有什么不对，但应该依法而行。

问：如果你的工作可能会导致不良的影响，如果你所做的可能伤害他人，这样算不算是不好的谋生方式？

答：那要看你的用意如何。如果只是一味想赚钱，如果你想："只要我能赚钱，就算伤害到别人我也不在乎。"这就是错误的谋生方式。如果你服务他人，却不料有人受到伤害，那就不是你的错了。

问：我公司的许多产品中，有一种仪器是用来收集原子爆炸的数据。他们要求我参与此工作，但我隐隐觉得这样做是不对的。

答：如果有些东西只被用来害人，你当然不该参与其中。但如果它有正反两面的用途，你就不需要为别人如何使用它而负责。应该心存善念而工作，相信别人会将你的工作成果用来造福人类，这样就没有错了。

问：你对和平主义的看法如何？

答：如果你所谓的和平主义是面对侵略时，却不采取行动，当然那是不对的。正法教导我们要积极行动，要面对现实。

问：采取像印度圣雄甘地或美国民权运动领袖金博士所用的消极抵抗的方式，你觉得如何呢？

答：那要视情况而定。如果侵略者除了武力以外无法以其他方式沟通，那武力是必需的，但应随时保持心的平衡。否则应使用消极抵抗，但不是出于畏惧，而是出于道德勇气。这就是符合正法的方法，也是甘地先生的教导。赤手空拳面对武装敌人的进犯是需要勇气的，这样做是要有随时受死的准备。人难免一死，差别在于是心怀畏惧而死还是勇敢受死。了解正法的人就不会心怀畏惧而死（宁可勇敢地受死，不愿胆怯逃跑）。甘地先生曾告诉他的追随者，面对凶残的敌人时，让伤痕留在胸前，而不是背上，他之所以成功是因为心中有法。

问：你自己说过，没有遵守戒律，倒可以有好的禅坐经验，那么一直强调道德的行为岂不是教条化、僵化的做法？

答：我曾经看过不少学生，无视戒律存在，因而在修行路上毫无进展。多年以来他们可能上过许多课程，也有一些美好的经验，但在日常生活中他们完全没有改变，仍然烦躁不安、痛苦不已，因为他们只是把内观当游戏在玩，就像玩其他游戏一样。这样的人是真正的失败者。真正想透过正法来改变自己生命的人一定要谨慎守戒。

故事：医生的处方

有一个病人到医生处求诊，医生检查后，开了一张处方笺给他。这个人对这位医生非常有信心。他回家后，在祈祷室供上了医生漂亮的相片、雕像，然后他坐下，对相片、雕像致敬。他叩拜了三次，并供上鲜花与香料。然后拿出医生写的处方笺，很恭敬地念诵：“早上两颗，下午两颗，晚上两颗。”因为他对那位医生非常崇拜，所以他从早到晚，都在念诵医生的处方，结果这张处方笺对他的病情的减少一点帮助也没有。

后来这个人决定要多了解这张处方笺，于是他跑去问医生：“为什么你要开这些药呢？这些药对我有什么好处呢？”这位医生很有智慧，所以他解释道：“请看，这是你生的病，这是你的病因。如果你服下了我开的药，它就能根除你的病；如果病因根除了，你的病自然也就痊愈了。”这个人想：“哦，太好了！我的医生多么聪明啊！他的药方多么有效啊！”这个人回家后开始跟他的邻居和认识的人争论：“我的医生是最好的医生！其他的医生都一无是处！”但他到底从这争辩之中获得什么呢？他可能一辈子都在替他的医生争辩，但是这对他一点帮助也没有。只有当他服了这药以后，他才会从他的痛苦中解脱，从他的疾病中解脱。只有到那个时候，医生的药才对他有所帮助。

每个解脱的人，就像医生一样，出于慈悲，他会给予药方，告诉人们如何从痛苦中解脱出来。如果人们只是盲目地信仰这个人，就把处方变成了经文来念诵，然后开始与其他不同宗派的人争辩，辩称他的宗教创始人的教导才是最好的，但是却没有人愿意花工夫去实践那些教导，去服用医生的药方以根除疾病。

如果对医生的信心能鼓励病人依从医生的意见，那么这信心就是有用的。如果了解处方的作用能鼓励病人服药，那么这种了解是有好处的。但是如果没有真正去服药，就不可能痊愈。你必须把药吃下去才行。

第六章

定的训练

禅修之道始于修定，它是八圣道的第二阶段。八圣道中有三个部分是修定的训练：正精进、正念以及正定。

借着持戒，我们企图控制自己的言语和外在的行为。然而，苦的起因却来自我们内在的行为。如果我们的内心仍旧在贪爱嗔恨等有害的情绪中翻滚煎熬，那么只限制外在的言语和行动，是毫无用处的。只要内心有贪爱嗔恨，就绝不可能离苦得乐，它迟早会如火山一般爆发出来，使我们犯戒，伤人又害己。

人人都了解不该做坏事的道理。毕竟，数千年来，每个宗教都在教导伦理道德的重要性。但是诱惑呈现时，会征服人心，使人犯戒。一个有酒瘾的人可能完全知道他不该喝酒，因为酒精对他是有害的，但是当酒瘾发作，他又不可抑制地喝得酩酊大醉。他无法自拔，因为他完全不能控制自己的心。然而，如果我们能停止不当的意念行为，那么要远离外在不当的言行举止，就变得轻而易举了。因为问题是出在我们的心，所以我们必须从心的层次上着手。

为了要做到这点，我们必须要采取“修”（bhāvanā）的方式——从字面上来说，“修”指的是“心的开发培养”，一般的说法，就是“禅修”（meditation）。从佛陀时代起，bhāvanā的字义渐趋含混不清，因为修行已式微。在现代，此字涵义是指任何种类的心智修养和精神的提升，只要与法有关，甚至连阅读、谈论、倾诉或思考等活动都是 bhāvanā。“meditation”是最通用的英文翻译，它已泛指许多活动，如放松心情、做白日梦、自由联想、自我催眠等，这一切都与佛陀的原意相去甚远。他用这个字眼时是指为了使心集中及净化而采用的特定心智训练方法。

禅修包含“修定”和“修慧”两部分的训练。“修定”也被称为“修止”，而“修慧”则被称为“修观”（修习内观）。禅修之道始于修定，它是八圣道的第二阶段。八圣道中有三个部分是修定的训练：正精进、正念以及正定。

正精进

正精进是禅修的基础。心很容易为贪、嗔、痴所征服或动摇。我们必须使心力增强，才能让心变得坚定不移，成为最有用的工具，来检查我们自己本质中最细微的层次，揭开并除去我们的习性。

一个要为病人诊断病情的医生，会先采集血液样本，放到显微镜底下。在检视样本之前，他必须先将显微镜对焦并固定，才能开始检查样本、找出病因，并决定适当的治疗方法，对症下药。同样的，我们必须对准心的焦点，专注地置心一处，这样才能将心变成检视自身最细微实相的工具。

佛陀针对每一个跟从他学法的人，设计了各种让心专注的方法。其中最适于探索内在实相的方法，也是佛陀自己修持的方法，就是“入出息念”（ānāpāna-sati），亦即“对呼吸的觉知”。

呼吸是一个人人皆拥有的可供专注的对象，因为我们从生到死、分分秒秒都在呼吸。它是任何人均可接触到且都能接受的禅修对象。开始练习观察呼吸时，禅修者要坐下来，闭上双眼，身体保持舒适端直。最好能在安静的房间内坐着，注意力才不会分散。一旦安静下来，将注意力从外在世界转向内在世界，禅修者就会发现，自己身上最显著的活动就是呼吸，就将注意力导向呼吸：入息和出息。

不过，这可不是在练习呼吸，而是在训练我们的觉知。不要刻意控制呼吸，而是有意识地去观察呼吸的如实面目：长或短，重或轻，深或浅。尽可能地将注意力放在呼吸上，不要分心而中断了觉知。

一旦开始练习，我们立刻就会发现，这是何其困难。我们才开始把心定在呼吸上，腿上的疼痛就令我们转移了注意力。我们努力压抑心里的杂念，千头万绪却涌上心头：过去的回忆、未来的计划、各种希望和恐惧。总有某件事会勾起我们的念头，而过了一会儿，我们才发觉自己已经完全忘记呼吸这回事了。我们再接再厉，重新开始，但是一眨眼工夫却发现，在不知不觉之间，心又溜走了。

到底是谁左右了我们的注意力？一旦开始练习观息，

很快就会发现，心是如此的千变万化无法掌握，就像一个受宠的孩子，拿了一个玩具，玩腻了，就一个换一个；心也是如此不安定，不断地转变注意的对象，跑离所要观察的实相。

这就是心的习性，生生世世，心就是如此惶惶不定，妄念不断。但是我们开始想要观察自己实相的本质，这种远离实相的行径就得停止。我们必须改变心念瞬息万变的模式，从觉知呼吸开始，学着去活在当下。当我们发现注意力分散了，要有耐性，心平气和地再将注意力转回呼吸上。失败了，就要一试再试。和颜悦色、不紧张、不勉强、百折不挠地一再练习。毕竟，我们一生的习惯是不可能在几分钟之内改变的。需要一而再、再而三，持续不断地努力，同时要有耐性和平静。这就是我们培养如何觉知实相的方法，也就是正精进。

佛陀告诉我们，正精进有四种类型：

一、防止邪恶不善念头的生起；

二、去除已生起的邪恶不善的念头；

三、让未生起的善念得以生起；

四、让已生起的善念得以发展，臻于至善之境。（注一）

借着练习对呼吸的觉知，我们就可以练习这四种正精进。我们心无杂念地坐着，将注意力放在呼吸上。如此一来，就进入觉察自己的状态中。我们避免自己分心或心不在焉，不让自己远离实相。如果有念头生起，不要去管它，应该再次将注意力放回入出息上。这样我们就培养出系心一处，以及不分心的能力——这就是正定的两项特质。

正　念

观入出息也同样是修正念的方法。我们的痛苦来自于无明。

我们随着外境起习性反应，因为看不清自身的实相，不知道自己在做什么。大部分的时间，心都是在胡思乱想，它活在过去的记忆里，忽喜忽悲；它热切地幻想着未来，或恐惧着未来。

迷失在贪爱、嗔恨中，我们对于眼前发生的事视若无睹，不知道自己在做些什么。然而，当下这一刻对我们而言才是最重要的。我们不可能活在过去，因为它已消失无踪；我们也不可能活在未来，因为它是永远难以掌握的。我们只能活在当下。

如果我们对自己当下的所作所为一无所知，不仅注定要重复过去的错误，同时也绝不可能完成未来的理想。相反的，如果我们能培养出觉知当下的能力，就能以过去为指引，来决定未来的方向，如此才能够达成所愿。

正法就是活在当下的大道。因此，我们必须培养觉知当下的能力。我们需要一个方法，能让我们觉知当下的实相，而“觉知呼吸”就是这样的一个方法。修习这个方法，能够让我们觉知当下的自己：现在是入息，现在是出息。借着对呼吸的觉知，我们开始觉知当下。

另外一个练习观入出息的原因，是因为我们希望能体悟终极的实相。将注意力置于呼吸上，可以帮助我们深入了解对自己未知的部分，让潜意识成为意识。呼吸就像是潜意识与意识之间的桥梁，因为它的运作方式，既属于潜意识，也属于意识。我们可以刻意地以某种方式去呼吸，也就是去控制呼吸，甚至也可以暂时停止呼吸；然而，当我们不去控制呼吸时，它不需提醒也会继续运作。

举例来说，在刚开始练习的时候，我们可以稍微用力地刻意呼吸，这样有助于集中注意力；当我们对入出息的觉知变得清晰稳定时，就可以任它自然地呼吸，不论是重或轻、深或浅、长或短、快或慢，都任由它去，不需调整，只要去觉知。经由这种对自然呼吸的觉知，我们开始观察到属于潜在活动的身体自主功能。从观察刻意呼吸的明显实相，渐渐发展到观察自然呼吸的细微实相。也就是我们已开始将觉知，从表面的层次转移到较细微的层次。

另一个练习观息的原因，是因为想要远离贪嗔痴，必得先觉知到它们的存在。在这方面，观息可以帮助我们，因为呼吸是我们内心状态的一面反射镜。当心境平和时，呼吸规律且温和。但是每当负面情绪由心中生起，无论是生气、憎恶、恐惧或激情，呼吸就会变得较粗重而急促。如此一来，呼吸提醒我们注意到自己的心理状态，同时也让我们能开始去面对这种状态。

练习观入出息还有另外一个原因。因为我们的目标是一颗远离负面情绪的心，所以我们必须小心翼翼，确定自己朝此目标迈进的每一步，都是纯净正确的。即使是在培养禅定的初级阶段，也必须选择正确的专注对象，而呼吸正是这样的一个对象。因为我们对呼吸不会产生贪爱或嗔恨，而且呼吸是实实在在的东西，不是虚无缥缈的妄想或幻象，因此呼吸是非常恰当的专注对象。

当完全专注于呼吸时，心就远离了贪、嗔、痴。这纯净的一刻虽然短暂，却非常强而有力，因为它挑战了一个人过去所有的习气。长久累积的所有习性反应都被搅动，而呈现出各种肉体上和精神上的难过，阻碍了觉知的开展。我们可能对进步缓慢感到不耐烦，这就是贪的现形；要不就是以嗔的形态出现，而感到生气或沮丧。有时我们一坐下就感到昏昏欲睡；有时则是情绪过于激动，忐忑不安，干脆找个借口不坐了；有时则是因为怀疑，而动摇了我们努力的意志——对于老师、教导以及自己的禅修能力，起了固执且不理智的怀疑。当我们突然遭遇到这些困难，可能会灰心丧气，想完全放弃修行。

在这个时候，我们必须了解，这些难过的生起，正意味着我们修习观息的成功。如果我们坚持下去，它们就会渐渐消失无踪。一旦难过消失，修行就变得愈来愈容易。因为在这个练习的初期，某些习气已经从心灵的表层根除了。因此，在练习观息的同时，我们已经开始清净内心，朝解脱之道前进了。

正　定

将注意力放在呼吸上可以培养对当下的觉知，而尽可能地时时刻刻维持这种觉知，就是正定。

在日常生活的一举一动中，专注也同样重要，但它和正定不一定相同。我们可能一心专注于情欲，或专注于满腔的怒火。猫会全神贯注地守在老鼠洞口，只等老鼠出现，好将它逮个正着；扒手会专注地盯着别人的钱包，等待下手的时机；小孩晚上躺在床上，由于害怕，一直瞪着黑暗的角落，想象有怪物躲在阴影里。这些都不是正定，因为正定是可以令人解脱的。正定的对象，绝对不含贪、嗔、痴。

在练习对呼吸的觉知时，我们会发现，要维持不中断的觉知，是极其困难的事。尽管有坚定的决心，努力将注意力定在呼吸上，觉知却总是不知不觉地溜走。我们就像一个喝醉酒的人，努力想走直线，却总是东倒西歪地走不直。事实上，由于我们的无明和妄想，我们确实是像醉了一样糊涂，所以才会不断地活在过去和未来、贪爱和嗔恨之中。我们无法走在时时觉知的正道上。

身为内观者，我们要有智慧，在面对这些困难时不感到灰心沮丧，而应该了解，要改变长久以来根深蒂固的习气，是需要时间的。必须再接再厉，持之以恒，耐心地努力，才能成功。我们只要觉察到注意力分散时，再将它放回呼吸上就够了。如果我们能做到这点，就已经开始改善内心胡思乱想的习惯。借着不断地练习，就能愈来愈快地将注意力带回来。渐渐地，胡思乱想的时间愈来愈短，而持续觉知的时间愈来愈长。

定力增强，我们会开始感到轻松、喜悦、充满活力。渐渐地，呼吸会变得柔顺、规律且轻浅。有时甚至觉得呼吸完全停止。事实上，当心变得宁静时，身体也会静下来，新陈代谢减缓，因而所需要的氧气也会减少。

到了这个境界，某些修行者曾有特别的经历，例如闭目坐着时看到光或影，或是听到特别的声音等。所有这些所谓异常感官体验，只是一种指标，表示心已达到高度的专注。这些现象本身，没有任何重要性，无需重视。觉知的对象仍应是呼吸，若去注意任何其他东西，就走偏了。心中也不该期待这些异象，因为并非人人都会有这类经验。若是出现，也只是一个路标，让我们知道自己正在进步之中，有时路标隐不可见，可能是因为我们太专心努力前进，而没有注意到。但是如果我们把路标当做是终点，而产生执取，我们就会完全停滞不前。毕竟，异常的感官经验不胜枚举，实践正法的人不该追寻这些，而是要洞察自身的实相，才能远离一切痛苦。

因此，我们继续将注意力完全放在呼吸上，心变得更专注时，呼吸就会愈细微，也就愈不易观察，因此也就需要更努力才能维持专注。如此不断磨炼自心，培养专注力，让心成为一个利器，可以透视实相的表层，观察到内心更细微的真理。

培养定力还有许多其他技巧，例如专心复诵某一个字，或观想某一物，或是一再重复某个肢体动作。如此一来，我们会完全融入专注的对象，而达到一种轻安喜悦的境界。虽然毫无疑问地，这种境界令人非常愉快，但是当境界消失，人回到现实生活中，发现问题仍是没有解决。这些方法能让人在心的表层，发展出安详与喜悦，但是仍未能触及心底深处的习气。而且这些方法中用以培养定力的对象，与当下自身的实相，并无关联。从中所得的轻安，只是表面上刻意营造出来的，而不是由已净化的心底深处自动生起的。正定不应该是心的麻醉，而是要远离所有的造作与错觉。

佛陀的教导当中，也提及可达到各种禅那（jhāna）的境界。佛陀本身在开悟前，也曾学习过八种心灵高度专注的禅那境界。终其一生，佛陀始终没有间断地继续练习禅那。但是只靠禅那不能解脱，因此当佛陀教导禅那的时候，他强调这只是用以培养洞察力的垫脚石罢了。内观者培养定力的目的，不是为了去体验轻安喜悦，而是把心练得专注，用以体认自身的实相，并去除导致痛苦的习气，这就是正定。

内观问答六

问：为何您教授观息法时要学员专注在鼻孔处而非腹部？

答：因为对我们来说，观息法是修习内观的准备工作。在练习这个内观方法时，需要特别的专注，因此范围愈缩小，专注力愈强。要达到这个程度的专注，腹部的范围就太大了，最适合的就是鼻孔处，这就是当初佛陀教我们在鼻孔处用功的原因。

问：在练习对呼吸的觉知时，是否可以数息或在吸气时说“入”，在呼气时说“出”？

答：不行，练习时不应该连续地说“入”或“出”。如果在练习对呼吸的觉知时总是说“入”或“出”，逐渐地这个字会反宾为主，你会完全忽略了呼吸本身。然后你吸进时，你说“入”，或者你呼出时，你说“出”，这个字会变成一种咒语。你应该只专注于呼吸、纯粹的呼吸，没有别的，只是呼吸本身。

问：为何经由修定不足以解脱？

答：因为经由修定得到的心念纯净，主要是以压抑的方式而得，而非因习性的清除。这就像用沉淀剂（例如明矾）来净化水箱中的泥水一样，明矾能使悬浮水中的颗粒沉淀到水箱的底层，使上层的水澄清。同样的，修定可使心的上层澄清，但是不净的沉淀物仍停留在潜意识中。如果要达到解脱，务必去除这些潜藏的污垢，而为了去除内心深处的不净，我们必须练习内观。

问：完全忘掉过去不问未来，而专注于当下不会有害吗？毕竟禽兽才那样过活，不是吗？而且过去必定会使人不断重复犯错。

答：这个方法不是教你完全忘记过去或完全不关心未来。因为目前心的习性，总是使人沉浸在过去的回忆，或对未来的渴求、期待和恐惧中，反而忘了当下。这种不良习性为生命带来苦难。经由内观，你学习到踏实地活在当下的实相中。在这稳固的基础上，你可以从过去吸取必要的经验，为未来作出适当的规划。

问：我发现我在练习内观时，会胡思乱想。贪念生起时，我认为自己不应有贪念，于是又造成焦虑不安，我该如何处理这个问题呢？

答：为何要因贪念而焦虑不安呢？你只须接受“看！贪念来了”这个事实就可以了，而你将会脱离困境。当你察觉自己的心在胡思乱想时，就接受它：“看！心又在胡思乱想了。”这样，你的心会自动回到呼吸。不要让贪念或妄想带来紧张不安，如果那样，你会生出新的嗔恨。只要接受，就够了。

问：所有佛教的禅修方法在瑜伽中都可以见到，请问佛陀所传授的有什么真正的新方法呢？

答：今日所谓的瑜伽事实上是后期发展的，帕坦加里大师的时代比佛陀大约晚五百年，由他的《瑜伽经》可看出来自佛陀教法的影响。当然瑜伽修行在佛陀之前就盛行于印度，佛陀在悟道以前也曾亲身验证。然而，所有这些训练方法均只限于戒与定，专注力最高只能到第八禅那境界，但此仍属于感官体验的领域。而佛陀发现了第九禅那，即是内观，这种洞察力的培养能使修行者达到超脱所有感官体验的终极目标。

问：我发现自己很容易轻视别人，请问什么是解决这个问题的最佳方法？

答：解决的方法就是内观。如果自我很强，就会轻视别人，贬低别人的重要而看重自己，但内观修行会自然地消融自我。当自我消融了，你就不会再做伤害他人的事。只要努力，问题自动就会解决。

问：有时候，我会对自己过去所做的事产生罪恶感！

答：罪恶感是无济于事的，只会对你造成伤害，在法的修行道上，罪没有地位。当你了解自己的作为有偏差时，只须接受事实，不必刻意去辩解或掩饰它。你可以告诉一位你尊敬的人：“我犯了这个错误，不过以后我一定会避免再犯。”然后练习内观，如此你会发现自己终于可脱离困境了。

问：为什么我总是在强化自我意识，为什么一直为着“我”？

答：这是心被习性制约的情形，由于无明愚痴所致。但内观能让你由这种不良习性的制约中解脱出来，使你不再总是只想到自己，你会学习为他人着想。

问：那是如何发生的？

答：第一步是体认人是多么自私和以自我为中心！除非明了这个真理，否则不可能会跳出那种对自我疯狂的爱执。随着修习的精进，你会体会到甚至自己对他人的爱，事实上也是出于爱自己。你会了解“我爱的是谁？我爱某人是因为我对某人有所期待，我希望他能尽如我意。当他一开始表现不一样时，我对他的爱就没了，那么到底我爱的是他还是我自己？”要修习内观，而非知性的理解，答案会很清楚。一旦你有了这种直接的体悟，自私即会慢慢消融，然后你会学习培养对他人的真爱，那是一种不自私、单向付出而不求回报的爱。

问：我工作的地点附近，有一大群无业游民在那儿伸手乞讨：“给一点零用钱吧！”

答：西方国家也有这种事吗？我以为只有贫穷国家才有呢！

问：据我所知，很多这些游民吸毒，我觉得如果给他们钱，反而是在鼓励他们吸毒。

答：所以，你们必须注意捐款的流向，否则对任何人都没有帮助。如果你帮他们戒毒而不给他们金钱，那你才是真正帮助他们。做任何事都必须要有智慧。

问：当您说“要快乐”时，我就想到，另一面就是“要悲伤”。

答：为什么要悲伤？脱离悲伤吧！

问：对！但是我以为我们是在努力达到两者之间的

平衡。

答：平衡使你快乐，否则会使你悲伤，愿你平衡、快乐！

问：我以为是“要平衡，要什么都没有”！

答：不！不是的，平衡会使你快乐，而非什么都没有。当内心平衡时，你会变得正面而积极。

故事：弯曲的牛奶布丁

两个穷困的年轻男孩，在城市和乡间挨家挨户乞食维生。其中一个男孩出生时就瞎了，另一个男孩协助照顾他，两人就以这种方式一起出去乞讨食物。

有一天瞎眼男孩病了，他的同伴对他说："你留在这里休息，我到附近讨点东西，带回来给你吃。"然后他就出去乞讨了。

那天正好有人给这男孩一样非常好吃的食物，是一种印度牛奶布丁。他以前从未尝过这种布丁，觉得非常可口，但很可惜，他没有容器可以将布丁带回去给他的朋友，所以他就把布丁吃光了。

他回来后就对瞎眼男孩说："我实在很抱歉，今天有人给我一样很棒的食物叫做牛奶布丁，可惜我没办法带回来给你吃。"

瞎眼男孩问他："什么是牛奶布丁呢?"

"喔！它是白色的，牛奶是白色的。"

由于生下来眼睛就瞎了，瞎眼男孩无法了解。"什么是白色呢?"

"你不知道什么是白色吗?"

"不，我不知道。"

"白色就是和黑色相反的颜色。"

“那什么是黑色呢?”他也不知道什么是黑色。

“唉！试着去了解看看呀！白色!”但瞎眼男孩就是无法理解，于是他的朋友四下张望，看到一只白色的鹤。他捉住了这只鹤，把它带到瞎眼男孩面前，说道：“白色就像这只鸟。”

由于眼睛看不见，瞎眼男孩伸出手，用手指去触摸这只鹤，说：“现在我知道什么是白色了，白色是柔软的。”

“不是，不是，白色和柔不柔软完全无关，白色就是白色！试着了解看看吧!”

“但是你告诉我白色就像这只鹤，我仔细摸过这只鹤了，它是柔软的，所以牛奶布丁是柔软的。白色就是柔软的意思。”

“不，你还是不了解，再试试看吧!”

瞎眼男孩再一次仔细触摸这只鹤，他用手从鹤的嘴巴摸到颈子、身体，一直摸到尾巴末端。“喔！我现在知道了，它是弯曲的！牛奶布丁是弯曲的!”

瞎眼男孩不能了解，是因为他没有体验白色的能力。同样的，如果你没有如实体验真理的能力，真理对你而言就永远是弯曲不正的。

第七章

慧的训练

只有开发智慧，才能让我们在自我放纵和自我压抑的两种极端之间找到真正的中道。唯有借着培养智慧，我们才能透视内在的实相，远离所有的无明和执著。

持戒和修定都不是佛陀独特的教导，这两者在佛陀开悟之前都已广为人知，且行之已久。事实上，他在寻求解脱之道时，曾跟随两位老师修定。在修定方面，佛陀的教导和传统的宗教并没有多大的差异。所以宗教都强调道德修养的必要性，并且也都可以借着祈祷、宗教仪式、断食、苦行或是种种禅坐方式达到喜悦的境界。这类修行的目的，只是为了求得高度集中的禅定状态，也就是宗教神秘论者所经历的“狂喜”的状态。

这种专注力的训练，即使尚未发展到最高境界，也有极大的助益。因为借由注意力的转移可以使心静下来，否则就会起贪爱和嗔恨。例如，为了防止怒气的爆发，慢慢地数到十，就是一种“定”的基础形式。其他更明显的方式，就是复诵字或咒语，或专注于一个视觉对象。这些方法都能见效，因为当注意力被转移到不同的对象上，心就会变得宁静安详。

然而，用这种方法得到的宁静，并不是真正的解脱。毋庸置疑的是，修定会带来极大的好处，但效果只限于心的意识表层。早在现代心理学发明的二十五世纪之前，佛陀就已经体悟到潜意识的存在，称其为“随眠”（anusaya，潜藏内心底层的不净烦恼）。佛陀发现，转移注意力可以很有效地在意识层面对付贪爱和嗔恨，但是并无法真正将其去除，反而将它们推进深层的潜意识中，在那儿它们虽属于冬眠状态，却是一样的危险。在心灵的表层，可能显得平静祥和，但是心底深处却有如一座潜在的火山，充满了被压抑的负面情绪，迟早会爆发开来。佛陀曾说：

> 一棵根深蒂固的树，即使被砍伐了，仍会生出新芽；如果贪嗔的积习未被根除，痛苦就会一再地重现。（注一）

只要贪、嗔的根仍存在潜意识中，一逮到机会，它就会发芽重生，带来痛苦。正因为如此，成佛前的悉达多王子，当时已经达到了修定所能成就的最高境界，然而，他不以为他已经达到解脱，而决定继续找寻离苦得乐之道。

他看出两个选择。一个是欲乐之路，就是放纵自己去追求一切感官的享乐。不论我们是否自知，欲乐正是一般世人所选择的路。但是他清楚地看出，这个选择并不能带来真正的快乐，因为宇宙间没有人能够永远事事如愿，或是终其一生心想事成。走这条路的人，当他们无法如愿时，就会不可避免地感到痛苦，也就是说，他们因为失望和不满足而痛苦。但是，即使事情如其所愿，他们也同样会痛苦，因为他们担心所喜爱的东西会消失无踪，他们害怕这满足的一刻瞬间即逝，而事实上，世事正是如此变幻无常。这样的人，内心永远不安，他们会不断地追寻、得到，又失去。未成佛前的悉达多在离开世俗生活、出家修行之前，曾亲身经历过这条路，所以他知道欲乐绝不是通往安详之路。

另一个选择是苦行之路，就是自我约束，刻意不去满足自己的欲望。在两千五百年前的印度，这种自我否定的苦修方式曾经被发展到极致。苦行者避免所有的享受，并且刻意虐待自己，让自己遍尝煎熬。苦修所持的理论基础，是认为借着自我处罚，可以克服贪、嗔的习性，从而净化内心。在全世界的宗教生活里，这类苦修是很普遍的现象。悉达多王子出家之后，曾经历了多年的苦行生活，试过多种苦修的方法，直到变得瘦骨嶙峋，仍不得解脱。他因此体悟到，虐待身体并不能净化心灵。

事实上，苦行的自我约束并不需要这么极端。我们可以用比较温和的方式，来避免引发不当行为的欲望。无论如何，适度自我约束的苦行，显然比自我放纵的欲乐要好得多，因为这种修行，至少可以让人避免不道德的行为。但是，如果自我约束是靠自我压抑而来，那么心理压力会增强至危险的地步。所有压抑的欲望会有如洪水一般，在自我否定的堤防后面澎湃汹涌；终有一天，滚滚洪流会决堤而出，大肆破坏。

只要贪嗔的根仍在心里，我们就不能享有真正的安详。持戒虽然有所帮助，但不能只靠意志力去把关；培养定力确实有用，但也只能解决部分的问题，不能解决内心深处烦恼的根本、污染的根源。只要这些根仍旧深埋在潜意识中，就不会有真正持久的快乐，也无法解脱。

但是，如果能将习性反应的根源从心中斩除，那就不用担心不良的行为会一再出现，也没有必要压抑自己，因为导致不良行为的冲动已经消失。当我们不再有寻寻觅觅或自我否定的压力时，就可以真正生活在安详之中。

有一个方法可以让我们深入内心，铲除贪、嗔、痴的病根。这个方法就是佛陀发现的：智慧的训练。这引导他开悟，他称之为内观，能培养洞察力，以观察自身的本质。借着这种洞察力，一个人可以辨识并止息痛苦的原因。

佛陀发现这个方法而获得解脱，并且终其一生以此法教化众生。它是佛陀教导中的独特之处，也是佛陀最重视的一部分。佛陀曾一再地强调：

> 以戒而得定，则定力有成且殊胜；以定而得慧，则智慧有成且殊胜；以慧作根基，则远离烦恼与不净。（注二）

“戒”和“定”本身虽然有价值，但真正的目的是为了开展“慧”。只有开发智慧，才能让我们在自我放纵和自我压抑的两种极端之间找到真正的中道。借着持戒，我们可以避免做出不正当的行为，可以避免内心的强烈激动。借着修定，我们进一步使心平静，同时使心成为一个有利的工具，以便检查自己。但是，唯有借着培养智慧，我们才能透视内在的实相，远离所有的无明和执著。

八圣道中有两个部分是属于智慧训练的范畴，那就是正思维和正见。

正思维

在练习内观之前，并不要求自己在禅修时一念不生。即使念头不断，只要维持每一个当下有觉知，就可以开始修习内观。

此时，念头或许仍在，但思考模式的本质起了改变。随着对呼吸的觉知，贪爱和嗔恨已渐渐平息。就意识表层而言，心已经变得平静，并且开始思维“法”以及离苦之道。刚开始观察呼吸时所产生的困难已经过去，或至少已被克服了一大部分。这时，可以接着练习下一个步骤——正见。

正　见

正见是真正的智慧。只思维真理是不够的，我们必须亲身去体悟真理，看清事物的本来面目，而不仅仅看其表面。真理是一个实相，唯有靠我们亲身去体验，才能洞察其最终实相，并且止息苦恼。智慧可分三种：闻慧（suta-mayā paññā），思慧（cintā-mayā paññā），以及修慧（bhāvanā-mayā paññā）。就字面上而言，“闻慧”就是听来的智慧，例如借着看书、闻法或听演讲，而从别人那里学来的智慧。这是接受别人的智慧成为自己的智慧，而这种接受也许是源自于无明。举例而言，一个人生长的地区，如果有某种特殊的意识形态、崇信某个宗教或有某些特殊的风俗习惯，那么这个人可能会毫不质疑就接受了当地的意识形态。这种接受可能是来自于贪婪，因为当地的精神导师可能会宣称，只要接受固有的思想、传统的宗教，就保证会有美好的将来，譬如死后能上天堂等。毋庸置疑，能上天堂是很大的诱惑，于是人们都心甘情愿地接受了。这种接受也可能是基于畏惧，有的精神导师知道，人们会怀疑当地的意识形态，所以他就用威胁的方式来使人们顺服相信，警告人们：若是不信，将来就会遭受到严厉的处罚，例如死后下地狱等。人当然不想下地狱，所以只有咽下心中的怀疑，而接受当地的信仰。无论这接受是由于盲目的信仰、贪婪或是畏惧，闻慧终究不是自己亲身体悟的智慧，充其量只能算是借来的智慧。

第二种智慧（思慧）是知性上的理解。就是在听闻和阅读某种说法之后，予以思量，考量其是否合理、有用且实际，考量后觉得满意，才信受奉行。然而思慧仍然不是我们的洞见，只是把听来的智慧，予以知性判断罢了。

第三种智慧（修慧）是来自于个人对真理亲身的体验与领悟。这种修证而来的智慧，可以改变内心的本质，继而改变个人的生命。

在世俗的事物上，并不一定要用到修慧。例如火的危险性，只要听人形容或自己推理一番，就足以确信。如果坚持要跳进火堆中，才肯接受火会伤人的事实，就未免太愚蠢了。但是，就法的层面而言，来自于实证的智慧非常重要，因为唯有修慧，才可以让我们根除习性反应。

闻慧和思慧的益处在于激励并引导我们，走向实证的修慧。如果我们对于闻慧毫不质疑就接受，它就会成为证得实相的障碍。同理，如果我们只是满足于思考、研究及理解真理，却不努力去直接体悟，那么所有的思慧都将成为解脱的障碍而非助力。

我们每一个人都必须经由实际经验，来了悟真理。只有透过亲身的体验，才能使心解脱。别人对真理的领悟，并不能使我们解脱。就连佛陀的开悟，也只能使一个人解脱——就是佛陀自己。别人的领悟充其量只能当做对众生的鼓舞，为众生指出一条明路。但追根究底，我们必须为自己努力。正如佛陀所说：

> 你必须自修、自悟；已到对岸的人，只能指出那条路而已。（注三）

真理只可以在自己身上实践、去直接体验，外在的一切总是不切实际。只有在自身之内，我们才能对实相有实际、直接而鲜活的体验。

这三种智慧当中，前两种并非佛陀的创见，它们早在佛陀出世前，就流传印度。甚至佛陀在世时，也有人声称，可以讲解佛陀所说的任何教导。（注四）佛陀对世间独一无二的贡献，就是教导人们去亲身体悟真理，从而培养实修的智慧。这种对真理的直接体悟，就是“内观”的修持方法。

修习内观

内观（Vipassanā）通常被形容为灵光一闪的洞见，或是对真理的直观。这种说法固然正确，但事实上，内观者靠渐进的方法，按部就班地达到此种直观的洞察力。这个方法就是修习内观，也就是洞见的培养，即通常所称的内观禅修。

passanā 一字指的是“看”，也就是一般的张眼来观察。而 vipassanā 指的是一种特别的观看：对自身实相的观察。必须将自身的感受当做专注的对象，对其做有系统、冷静的观察才能达成。这种观察能揭开身心的全部实相。

为什么选择“感受”作为观照的对象呢？因为透过“感受”可使我们直接体验真理。首先，万事万物（六尘）必须与我们的各个感官（六根）接触，才能显出它们的存在，所以六根可说是我们经验这个世界的六道门。而一旦根尘相对，各种感受就立刻产生。佛陀形容根尘相对、产生感受的过程如下：

> 两木摩擦即生热，并迸出火花。同样的，乐触有乐受；苦触有苦受；不苦不乐触，有不苦不乐受。（注五）

当身、心的六根与六尘接触时，会迸出感受的火花。因此，感受是我们经验世间所有身心现象的关键。为了要培养实修的智慧，我们必须清楚知道，自己真正经历到什么，也就是说，我们必须培养对“感受”的觉知。

选择“感受”为观照的对象，还有另外一个原因，因为身体上的感受，和心理状态息息相关。感受就像呼吸一样，会反映出当下的心理状况。任何一种心理状况——如想法、概念、想象、情绪、记忆、希望或恐惧——浮上意识表层，感受就会跟着生起。每个想法、情绪、内心的变化，身体上会伴随着一种相应的感受出现。因此，借着观察身体上的感受，我们也同时观察了自己的内心。

若想充分了知真理，就不可不重视感受。无论我们遭遇何事，都会因此而唤起身体上的某种感受。感受可说是心与身交会的十字路口，虽然在本质上，感受是在身体上，但它同时也是四种心法（受、想、行、识）运作的过程之一。它由身生起，由心感受。一具尸体或是没有生命的东西，是不会有任何感受的，因为心不在此。如果我们对自己的感受不清楚，那么我们对实相的观察，就永远会不完整、不深入。就好像想除去园中的杂草，必须先了解它们的根深埋在哪儿和它们的维生运作；同样的，如果我们想要了解自己的习性，且处理得恰如其分，就必须深入观察自己的感受，而大部分的感受是难以察觉的。

感受时时刻刻都在身上发生。身、心的每一个接触，都会产生某种感受，每一种生化反应都会产生感受。在日常生活中，心缺乏足够的专注力，只能觉察到较粗重的感受。我们练习“观入出息”后，心就会变得敏锐，也因此而培养出觉知，就逐渐能够清楚地体验全身所有感受的实相。

在练习对呼吸的觉知时，我们只观察自然的呼吸，不要刻意控制或是调整呼吸。同样的，在练习内观时，我们只要去观察身上的感受即可。我们对全身有系统地移动注意力，先从头到脚，然后从脚到头，从一端移到另一端。但在整个过程中，不要刻意寻找或避免某种感受，而是如实地去观察、去觉知全身所出现的感受，无论那感受是冷、热、轻、重、痒、悸动、紧、胀、压力、疼痛、刺痛、脉动或振动等等。内观者不追求任何特殊的感受，只是当身体上的各种感受自然发生时，如实地去观察它。

内观者也不必尝试去了解感受的起因。它们也许源自外在的环境、坐姿、痼疾、体弱或是所吃的食物等。原因无关紧要，也不是我们该关心的。真正重要的，是集中注意力觉知当下身体上的感受。

刚开始练习时，可能只在身体的某些部分有感受，而其他部分则无。这是因为觉知尚未完全开展，所以只能体验强烈的感受，而觉察不到较细微的部分。然而，我们再接再厉轮流专注于身体的每一部位，观察全身，而不让注意力被强烈的感受所吸引。经过专注力的训练，我们就有能力系心于选择的对象上。现在我们就运用这个定力，有系统依序观照全身每一部位，而不是迫不及待地略过感受较不明显的部位，跳到感受较强烈的部位去。不要贪恋某些感受，也不刻意避开其他感受。这样练习下去，渐渐地就能够体验到身体每个部分的感受。

当我们刚开始练习“观入出息”时，通常呼吸都相当粗重且不规律。慢慢地呼吸会平静下来，且逐渐变得轻柔而微细。同样的，刚开始练习“内观”时，通常会有很长一段时间，经历到粗糙、强烈又不舒服的感受。同时，激动的情绪或是早已遗忘的想法和往事又会生起，也随之带来心理或生理上的不舒服，甚至痛苦。更有甚者，以前练习观入出息时，阻挠我们进步的障碍，如贪、嗔、昏沉、不安、疑等，在此时又会重现，而且力量更为强大，令人无法维持对感受的觉知。面对这种情况，我们唯一的办法，就是再观察呼吸，好让内心再次平静下来，使心变得更为敏锐。

身为内观者，我们要有耐心、不屈不挠，重新培养更深的专注力。因为我们了解，所有的困难事实上是我们的初步效果。正因为某些根深蒂固的习性反应被搅动了，才会浮现到意识表层。渐渐地，以从容不迫的持续努力，使心重回宁静和专注。激动的想法或情绪一旦消逝，我们就可以恢复对感受的觉知。借着反复持续的练习，强烈的感受变成较平稳、细微，最后化为一种瞬间生灭的振动。

但是，不论这些感受是苦是乐、是强是弱、是异是同，皆与禅修不相干。内观者所要做的，只是客观、如实地去观察。无论痛苦的感受有多难受，无论愉快的感受有多吸引人，我们都不停止努力，不因任何感受而分心或黏住。我们的任务就是以不执著的心观察自己，就像科学家在实验室中进行研究一般。

无常、无我及苦

当我们勤于修行，很快就会领悟到一个根本的事实：那就是我们的感受变动无常。每一个片刻，在身体的每一个部分，都有感受生起，而每种感受都代表一个变化。每一瞬间，都有电磁或生化反应，发生在身体的各个部分。而我们的心更是瞬息万变，且在身体的变化上显现出来。

这就是身心的真相：变化、无常（anicca）。在每一个片刻，组成身体的亚原子粒子都在生灭之中；而心理的变化也一个接一个地出现又消失。每个人内在的各种身心状况，跟外在世界一样，时时刻刻都在改变。在此之前，我们可能在知性上已经知道无常的道理。现在经由修持内观，我们直接在自身体验无常的实相。直接体验无常的感受，证实了我们瞬息万变的本质。

身体的每一个分子，内心的每一个过程，都在不断变迁。除了每个当下之外，别无他物。没有可以执著的硬核，没有什么可以叫做“我”或“我所有的”，所谓的“我”只是一个不断变动过程的组合体罢了。

因此，内观者了解另一个基本的实相：无我（anattā）——

没有一个真实、永恒的“我”。我们如此努力经营的自我，只是一个不断变动的身心过程组合而成的幻象。一旦我们深入探索身心，就会了解：没有永远不变的硬核，没有独立于身心过程之外的本体，没有任何东西能不受制于无常的定律。只有一个无我的现象，不受控制地改变不停。

另一个实相也清晰了。任何执著“这是我，这是我的”的努力，终将导致不快乐，因为所执著的东西或是这个“我”迟早都会消逝。而执著于任何无常、短暂、幻想以及不可控制的东西都是苦（dukkha）。我们了解这一切，不是因为别人如此告诉我们，而是借着观察自己身上的感受，我们亲身体验这些实相。

平等心

那么我们该如何避免不快乐？如何远离痛苦呢？只要不起习性反应地观察：不要对任何一种体验，生起附着或排斥之心，只是以一颗平等、平衡的心客观地观察每个现象。

这听起来相当容易，做起来却不然。假设我们打算坐一小时，却在十分钟后膝盖就疼痛不已，我们会怎么样？我们会立刻对这疼痛产生厌恶，希望它快点走开。但是它非但不走开，反而痛得更厉害。于是，肉体的疼痛变成心理的，而带来更大的痛苦。

如果我们能以片刻的时间只观察肉体上的疼痛；或者，

暂时脱离“这是我的痛，是我觉得痛”的错觉；或者像医生检查病人的疼痛一样，客观地检视这感受，我们就可以体验到，“痛”的本身是多变的。它不会永远持续下去，每一刻都在变化、消失、再生、再灭。

当我们借由亲身体验，了解这道理之后，痛苦就再也不能击倒我们、控制我们。也许它很快就消逝，或者仍旧徘徊不去，但是都已无关紧要。因为我们已经学会了以不执著的心来观察它，不会再因这些痛苦而受罪。

解脱之道

借着培养觉知与维持平等心，我们得以从苦中解脱。苦的起因在于对自身实相的无知。在这种无知的黑暗中，心对每一种感受生起好恶、贪嗔的反应。而每个这样的反应，现在都在制造痛苦，同时也种下未来痛苦的种子。

如何才能打断这种因果之链呢？过去，由于我们在无明中的作为，使得生命开始转动，身心的变迁也随之开始。那么，是不是自杀就能终止呢？不，这样不能解决问题。因为在自杀的刹那，心中充满了痛苦及嗔恨，无论来生变成什么，心中仍旧充满痛苦，这样的做法是不可能带来快乐的。

生命既已开始，就无法从中逃脱，那么是不是该摧毁感官经验的六根呢？我们可以挖眼、割舌、削鼻、切耳，但是要如何毁身、灭心呢？更何况毁身、灭心就等于自杀，而自杀是无济于事的。

那么摧毁一切声音、影像等六根的对象（六尘）不就好了？这是不可能的，因为宇宙间充满无穷尽的事物，我们绝不可能将它们一一消灭。只要六根存在，就不可避免地会与相对应的六尘产生接触；只要一有接触，就一定会有“感受”生起。

这正是苦的因果之链可以被打破的地方。“感受”就是那关键性的一环。只要“感受”一起，好恶就随之而来。这些短暂的、无意识的好恶反应，立刻会被扩大、增强为强烈的贪与嗔，最后变成执取，令我们的现在与未来充满痛苦。我们一而再再而三、机械性地重复这个过程，变成一种盲目的习惯。

借着“内观”的练习，我们培养出觉知每个感受，并且也培养平等心：我们不生起习性反应，只是冷静地检视感受，不起好恶之心，不带贪爱、嗔恨或执著。对每个感受，都不再产生新的习性反应，而是产生智慧与洞见：“它是无常的，一定会生起灭去。”

当因果之链被打破，痛苦也就止息。不再生起新的贪爱、嗔恨的反应，苦的起因也就消失了。苦的起因是心念的行为（业），也就是贪爱、嗔恨的盲目反应。心能对各种感受念念分明，并且保持平等心，就不会再起贪爱、嗔恨的反应。苦的起因不再出现，我们也就自然停止为自己造苦了。

佛陀曾说：

诸行都是无常。

若能洞见此理，

即能远离苦厄；此乃净心之道。（注六）

“行”（sankhara）是个很广义的字。心的盲目反应称为“行”，而这种习性反应的后果，也叫做“行”；有其因，必有其果。我们在生命中所遭遇的一切，其实都是自己的内心反应所招致的结果。因此，最广义地说，“行”是指在这习性反应的世界上，一切被创造、被组合、被形成的东西。因此，“诸行无常”是说：无论是身体上的感受，或是心理的变化，宇宙间的万事万物都是变幻无常的。当我们借着“内观”的修行，以修慧来观察这个真理时，苦就止息了，因为我们已经远离苦的起因。也就是说，我们已经放弃了贪爱、嗔恨的习惯。这就是解脱之道。

关键点就在于学会如何不起习性反应，如何不去制造新的“行”。通常感受一生起，好恶就随之而来。如果我们缺乏觉知，在这瞬间，习性反应就会在心中一再重现、一再增强，而成为贪爱或嗔恨，最后化为一股强烈的情绪，支配我们的意识。我们被那情绪所控制，无法做出任何正确的判断。结果就做出有害的言行，伤害自己和他人。我们为自己制造痛苦，只因为一时的盲目反应，让自己的现在和未来都痛苦不堪。

但是如果在习性反应开始的那一刻，我们能对自己的感受念念分明，我们就可以做主，不让任何习性反应发生或增强。我们只去观察感受，而不起喜欢或讨厌的反应。如此一来，感受就无法发展成贪爱或嗔恨，也就无法成为占据我们内心的强烈情绪；它只是生起继而灭去，心始终保持安稳平静。我们不仅现在快乐，并能预期未来也会快乐，因为我们不会对感受起习性反应。

这种不起习性反应的能力是非常可贵的。当我们能觉知到身体上的感受，同时又能保持平等心，在那一刻，心就得到自在解脱。刚开始内观时，这种自在可能只偶尔发生，其他的时候，心还是照着旧习惯对感受起习性反应，导致贪、嗔和苦的循环。但是经由不断地练习，短暂的片刻，会变成几秒、几分钟，直到最后，起习性反应的老习惯便会被打破，而心能始终念念分明地保持安详。这就是止息烦恼的方法，也是我们如何止息自己痛苦的方法。

内观问答七

问：为什么我们观照全身时必须依一定的先后次序来移动注意力？

答：因为你们正在探索身心的整体实相。为了达到这个目的，你们必须培养一种能力，以便能感觉身体的每一个部位；不应该有任何部位的感受是空白的。而你们也必须发展出能观察所有各种感受的能力。佛陀描述这个练习方法："在身体的每一处，只要是体内有生命的部位，每个人都能经验到各种感受。"（注七）假使你让你的专注力随意从一个部位转移到另一个部位，从一个感受跳到另一个感受，很自然地，你的注意力就只会停留在有较强烈感受的部位，而忽略了身体的某些部位，如此你将不能学到如何观察细微、不明显的感受。你的观察力将只是局部的、不完全的、表面的，因此，一定要有次序地移动注意力。

问：我们怎么知道我们的感受不是想象出来的呢？

答：你可以自己做测试。假使你不能确定你所感觉到的感受是真的，你可以给自己两三个指令、自我暗示。假如你发现感受可以依照指令而改变的话，那么你就知道，这些感受不是真的。在这种情形下，你要马上放弃整个体验，重新来过，先用一段时间来观察呼吸。如果你发现你没有办法控制你的感受，你的感受并不会因你的意志而改变，那么就不要再怀疑，而应该相信这种体验是真实的。

问：假如这些感受是真实的，为何在日常生活中，我们感觉不到呢?

答：在潜意识的层次上你有感觉到的。虽然在意识的层次没有觉察到，但是在每分每秒中，潜意识能感觉到身体的各种感受，而且生起习性反应。这个过程，每天二十四小时都在进行着。经由内观的练习，你可以打破意识与潜意识之间的隔阂。你变得能觉察到在身心结构内所发生的每件事，也能觉察到你所经验到的每件事。

问：刻意让自己去感觉身体上的疼痛——这听起来好像是自虐狂。

答：假如你只被要求去体验疼痛，那么那确实是自虐狂，但是现在是要你客观地观察疼痛。当你只是观察而不起任何习性反应，很自然地，你的心就会开始穿透疼痛的表面实相，也就是瞬间生起又灭去的振动。当你能经验到那个微细的实相，疼痛就不能主宰你了。你是自己的主人，你就从疼痛中解脱出来了。

问：但是，疼痛可能是一个信号，告诉我们身体某部位的血液供应已被切断。若忽略这种信号，是明智的吗?

答：喔，我们早已发现这种练习并不会带来伤害；假使会的话，我们就不会推荐它了。成千上万的人都曾经练习过这个修行方法。我从没有听说过有任何人，在适当的练习下，会伤害到自己。一般常见的经验是，身体会变得越来越柔软、有弹性。当你们学会以平衡的心去面对它时，疼痛就会消退。

问：要练习内观，是否可以经由观察六种感官（六根）中的任何一种，例如，观察眼睛与影像的接触，或耳朵与声音的接触？

答：当然可以。但是那种观察仍然要有对感受的觉知。每当六个感官——眼、耳、鼻、舌、身、意中的任何一个产生接触时，就会产生一种感受。假使你没有觉察到感受的存在，你就错过了习性反应开始产生的关键点。就大部分情形而言，感官的接触只是间歇性的。有时候，你的耳朵会听到声音，有时候听不到。然而，在最深的层次上，每分每秒都有心与身的接触，不断地生起感受。正因为如此，观察感受是经验无常这个事实最容易、最鲜明的方法。你要企图用其他感官观察之前，应当先熟练此法。

问：假如我们只是就所发生的每件事，如实地接受与观察，怎么会有进步呢？

答：进步的衡量是要根据你是否培养平等心而定。除了平等心，你没有其他实在的选择，因为你不能改变感受，也不能制造感受。有什么感受，就是什么感受，也许是愉悦的，也许是不愉悦的；也许是这类的，也许是那类的。但是假如你一直保持平等心，你确实在法的路上会有所进步。你已经打破了生起习性反应的旧习性。

问：你所谈的是指课程禅修时，但是怎么把它运用到生活当中呢？

答：当日常生活中有问题产生的时候，花一点时间，以平衡的心去观察自己的感受。心是冷静与平衡的时候，不管做什么决定，都是好的。心不平衡的时候，所做的任何决定都只不过是一种习性反应。你必须学会把生活中的反应模式，由负面的习性反应改为正面的行动。

问：如此说来，假如你没有生气或苛求，而你看得出有些事情是可以用较好的方式来做不同的尝试，你就可以勇往直前表现出来？

答：是的，你必须有所行动。生活就是要有所行动，你不应该变得懒散不动。但是要用一颗平衡的心来采取行动。

问：今天我感觉身体某一个迟钝部位，当感受出现时，我的心为之一震，那种感觉就像打了一支全垒打。我听到自己内心在大叫“好棒喔!”然后我想到：“喔，不，我不该有这样的习性反应。”但是，回到现实生活中，我怀疑我怎么可能去看棒球或足球比赛，而不产生任何习性反应？

答：你会有正面的行动。即使看足球比赛时，你也会有正面的行动。但不是起习性反应，你会发现你真正地在享受一场球赛。伴随习性反应的压力而来的快乐不是真正的快乐。当习性反应停止，紧张自然就会消失无踪，你就能真正开始享受人生。

问：所以，我可以手舞足蹈，大叫大喊啰？

答：是的，以平等心。你以平等心手舞足蹈。

问：要是我所喜爱的那一队输了，我该怎么办？

答：那你就笑着说：“要快乐!”在每一种情况下都要快乐。

问：看来这是重点。

答：是的!

故事：两只戒指

从前有一位富有的老人，死后留下两个儿子。兄弟俩按照印度传统的风俗同住在一个屋檐下好一阵子。时日一久，他们开始有争吵，于是决定要分家，将所有家产平均分配，以各取一半的方式处理家当。但是兄弟俩都均分好后，他们却发现了一包被父亲仔细收藏的东西。打开后发现是两只戒指，一只上面镶有一颗值钱的钻石，另一只则是价值仅约数卢比的普通银戒指。

一看到钻戒，哥哥立刻就起了贪念，于是告诉弟弟说："我判断这枚钻戒不是父亲自己挣来的，想必是祖先留下的传家宝，这是父亲之所以将它另外收藏的原因。因为是代代相传的传家之宝，就应该继续传下去。我是长子，自然应由我保存，而你就拿那只银戒指吧！"

弟弟笑着说："好的！我很高兴有银戒指，但愿钻戒能使你快乐。"两人分别将戒指戴上手指，就各自回去了。

弟弟回家后心想："父亲保存钻戒的理由是可以理解的，但保存这只不值钱的银戒指又是什么道理呢？"于是他仔细检视这枚银戒指，发现上面刻了几个字："这也将会改变。""喔！这一定是父亲留下的箴言了：'这也将会改变！'"他将这枚戒指又戴在手指上。

兄弟俩后来都面临到人生际遇的高低起伏。遇到顺境时，哥哥变得趾高气扬，丧失了心态的平衡；遇到逆境时，则变得极度沮丧，同样没有保持心态的平衡。他变得容易紧张，得了高血压；晚上失眠，开始服用安眠药、镇静剂、强效药，到最后甚至需要使用电击治疗。这就是取走钻戒的哥哥。

至于那位戴着银戒指的弟弟，当好运来临时，他尽兴享受，不去刻意躲避。他享有好运，但他会看着戒指心想："这也将会改变。"当好运改变时，他笑着说；"嗯，我早知道它终究会改变，果然改变了，没有什么好担心的。"当遇到逆境时，他同样看着戒指心想："这也将会改变。"他了解逆境也将会改变，而没有悲哀痛哭。果然，逆境改变了，过去了。他体会到人生中各种际遇是不会永久不变的，所有事物生起之后，必定灭去。他没有失去心的平衡，因此终其一生过着安详快乐的生活。这就是分得银戒指的弟弟。

第八章

觉知与平等心

觉知与平等心，两者缺一不可，就好像鸟儿需要双翅才能飞翔，推车需要双轮才能移动。而且，觉知与平等心的强度必须相当。

觉知与平等心——这就是内观。若是能同时练习觉知与平等心，就能从痛苦中解脱。假使其中一者较弱，或是缺少了，就不可能在解脱之道上有所进展。觉知与平等心，两者缺一不可，就好像鸟儿需要双翅才能飞翔，推车需要双轮才能移动。而且，觉知与平等心的强度必须相当。鸟儿的双翅若是一强一弱，就无法正常地翱翔；推车的双轮若是一大一小，就只能在原地打转。内观者必须同时培养觉知与平等心，才能在修行的正道上向前迈进。

我们必须能够觉知到整个身心最细微的本质。要达到这个目的，仅仅专注于身心的表面现象（例如身体的动作，或是心里的念头）是不够的。我们必须对全身的感受培养觉知，并且对这些感受保持平等心。

如果我们有觉知，却缺乏平等心，那么我们对各种内在感受的觉知愈强，对感受就会愈敏锐，就愈可能起习性反应，而因此增加痛苦。反之，如果我们有平等心，却对自身的感受一无所知，那么这种平等心只是表面上的；隐藏在心中深处的习性反应仍持续不断地进行，而我们却浑然不知。因此，我们应该在心的最深层，同时努力培养觉知与平等心。要对身体内发生的一切，能保持觉知，并且不对它们生起习性反应，了解无常变化的特性。

真正的智慧就是对自身本质的了悟，即透过直接体验内在深处的真理而得到的了悟。这即是佛陀所说的“如实观察实相，而生起的智慧”（yathā-bhūta-ñānadassana）。有了这样的智慧，就能够从痛苦中解脱出来。任何一种身体上的感受，都会让我们生起对无常的体认；所有贪爱、嗔恨的习性反应都止息了。我们学会如何客观地观察实相，而不再为自己制造痛苦。

过去习性反应的累积

保持觉知以及心的平衡，是停止制造新的习性反应、新的痛苦的方法。但是我们也必须好好处理痛苦的另一个层面。从此刻开始，我们不再起习性反应，就可以不再制造痛苦的起因。但是我们每个人都已累积了许多习性反应，也就是过去所有习性的总和。即使我们不再累积新的习性反应，过去累积的旧有习性反应，仍会使我们痛苦。

“习性反应”（saṅkhāra）这个字，可以解释为“形成”。它包含“形成的过程”，以及“所形成的东西”。每个“习性反应”都是最后一个步骤、是一连串心理运作过程的结果；但也可以是第一个步骤、是新的心理运作过程的起因。每个“习性反应”不仅被前导的心理过程所牵制、约束（制约），同时也牵制、约束后续的心理过程。

透过对心的第二个作用——想蕴（判别）——的影响，习性反应开始运作（有关“想蕴”的讨论，请见第二章）。“识蕴”（认知），基本上是不区分、不辨别的，它只是记录已发生在身或心上的接触。然而，“想蕴”（判别）会生起判别，它根据过去所累积的经验，对任何新现象，加以评价及分类。过去的习性反应，成了我们试图了解新经验的参考点；我们根据过去的盲目习性，将新的经验予以评断、归类。

如此一来，贪爱、嗔恨的旧习性反应，就影响了我们对当下的认知。我们无法看清实相，而是“透过有色玻璃”看事情。过去的习性以及个人的喜好与偏见，扭曲模糊了我们对外在世界以及内在世界的认知。根据这扭曲的认知，一个原本是中性的感受，立刻摇身一变，成为愉悦或不愉悦的感受；而对这个感受，我们又再起盲目的反应，因而再制造新的习性，继而扭曲以后的认知。就这样子，每个盲目反应成为下一个盲目反应的起因；所有的反应，均被过去的习性反应所制约，接着又制约了未来的习性反应，如此周而复始，循环不已。

习性反应（行）的双重作用在“十二缘起”中说得很明白（见第四章）。十二缘起中的第二部分，就是习性反应

（行），它是第三部分“识”生起的先决条件（行缘识）。“识蕴”是四大心理运作过程（识、想、受、行）的第一部分，而“行”是这四大过程的最后一个部分，排列在“识蕴”（认知）、“想蕴”（判别）、“受蕴”（感受）之后。依此先后次序，“行”在十二缘起中，会再度出现在“受”的后面，也就是“爱”——贪爱、嗔恨的习性反应（受缘爱）。贪爱或嗔恨发展成为执取（爱缘取）；而执取就是新的身心活动的推动力（取缘有；有缘生；生缘老死）。如此一来，这整个过程一再重复，每个习性反应启动了一连串的连锁活动，最后又制造了新的习性反应；而新的习性反应又再度启动新的连锁活动，如此永无休止地恶性循环下去。每当我们起了盲目反应，就更加强了自己盲目反应的惯性；每当我们有贪念或怒意，就会强化心灵滋生贪爱、嗔恨的倾向。一旦这种内心的模式定型了，我们就身陷其中不能自拔。

举个例子来说，某人阻碍了别人，使其无法得到想要的东西。这个不能如愿的人因此认为某人真坏，而心怀厌恶。这种看法其实不是根据人品考量，纯粹因为某人使他不能如愿以偿。这种想法深深地烙印在被阻碍者的潜意识深处，每当两个人碰面，“坏印象”都左右了他，令他生起不愉快的感受；这种感受又制造新的嗔恨，而更加强坏印象。即使这两个人二十年后才再次见面，这个多年前被阻挠的人，会立刻想起那人是个坏东西，而再次感到厌恶。事实上，在这二十年间，也许那个人的个性已经完全改变，但是他仍旧用过去经验的标准，来评量那个人。这种反应其实不是针对那个人本身，而是根据过去对他的坏印象，而这坏印象是来自原有的习性反应，其实是一种偏见。

另外举个例子，某人帮助别人取得了他想要的东西，那个受惠的人相信某人真是个大好人，而喜欢那个人。这种想法其实仅是因为某人帮助了他，满足了他的欲求，而不是仔细考量过那个人的人品。这种好印象记录在潜意识当中，每当两人再度相遇，他都会受这好印象的影响，而生起愉快的感受；这种感受，使他更喜欢那个人，也因此更强化他对那个人的好印象。不论两人有多少年没有见面，一旦相见，同样的模式会再度运作。事实上，并不是他对那个人起反应，是对他自己心中的好印象起反应，而这个好印象是依据原有的习性反应而来的。

如此一来，“习性反应”不仅可以在眼前这一刻生起，也可以在遥远的未来，令我们生起新的盲目反应。同时，每一个新生起的习性反应，就是下一个习性反应的起因；盲目反应只会带来更多的痛苦。这就是习性反应一再重复的过程，也是痛苦一再重现的过程。我们一直以为自己是在对外境起反应，而事实上，我们是对自己身上的感受起盲目反应。这些感受（受蕴）被判别心理（想蕴）所制约，而判别又被我们的习性反应（行蕴）所制约。即使我们从这一刻开始，不再制造新的习性反应，我们仍然必须解决过去所累积的旧有习性。因为只要过去储存的旧习性仍在，习性反应随时都可能故态复萌，制造出新的痛苦。旧的习性一日不去，我们就尚未全然从痛苦中解脱出来。

该如何才能根除旧有的习性反应呢？要解答这个问题，必须对内观修行的过程，有更深入的了解。

根除旧习性

在练习内观时，我们仅仅是去观察全身上下的各种感受。至于是什么原因引起某种特殊的感受，并不重要；只要了解到，每个感受都是一种内在变化的呈现，就已经足够了。这种变化可能是源自于身体或心理；身、心是相互依存而运作的，通常很难加以区分。心理上所发生的任何事，很可能反映在身体上，反之亦然。

就身体的层面而言，如第二章所讨论过的，身体是由许多亚原子粒子——“极微”所组合而成的，它们分分秒秒都以极快的速度生起又灭去。当快速生灭时，它们以无限多种的组合，呈现出物质的基本特性——软硬的性质（地）、黏着的性质（水）、冷热的性质（火）以及动的性质（风）——而在我们身上制造出各式各样、所有可能呈现的感受。

亚原子粒子的生起有四种可能的成因。第一个成因是我们所吃的食物；第二个成因是我们所居住的环境。然而，心中生起的任何念头，也会对身体造成影响，因而引起亚原子粒子的生起。因此，亚原子粒子的生起，也可能是因为当下心理上的习性反应；或是因为一个过去的习性反应，影响了现在的心理状况。身体需要食物才能运作，然而，如果一个人停止进食，身体也不会立刻垮掉。在必要的情况下，身体可以消耗储存在组织里的能量，而继续支撑几个星期。当所有储存的能量，都被消耗殆尽，最后身体才会垮掉而死亡：它所有的活动才宣告结束。

同样的道理，心需要靠活动来维持意识的流动。这个心的活动，就是“习性反应”。根据“十二缘起”，心识的生起，是源于盲目的习性反应（行缘识）；每一个心灵的习性反应，都是心识流动的动力。身体在一天当中，只是每隔一段时间需要进食，而心却时时刻刻都需要新的刺激。若是没有刺激，心识之流片刻也无法继续下去。例如，人在某一刻生起嗔恨，在下一刻所生起的心识，就是此刻嗔恨的产物。如此一刻接一刻地继续下去。我们不断重复此刻的嗔恨反应，并且不断给自己的心，提供新的食物。

然而，经由练习内观，修行者学会不再起习性反应。在当下这一刻，他不再制造“习性反应”，因此他不再给自己的心提供新的刺激。这么一来，心识之流会发生什么事呢？心识之流不会立刻停止，相反的，为了让心识之流继续流动，过去累积的某些习性反应，就会浮上心识的表层，旧有贪嗔的习性反应就会生起，心识因此又可以延续到下一刻。这种贪嗔的习性反应，会在身体层面呈现，造成某一种特殊类型的亚原子粒子的生起；这种亚原子粒子会使我们体验到身体上的某种感受。例如，一个过去的嗔恨习性生起了，它以亚原子粒子的形态呈现，而使人体验到身上有一种不愉快的灼热感。如果我们对这种灼热感，生起厌恶的习性反应，就又制造了新的嗔恨。我们一旦开始给心识之流添加新东西，就无法让过去累积的盲目习性反应，浮现到心识的表层。

然而，如果不愉快的感受生起，我们能够不起盲目反应，如此一来，就不会制造新的习性反应，而这个从过去累积旧习中生起的习性反应，就会消逝而去。在下一刻，另一个过去的习性反应，又再以某种感受的方式呈现出来；同样的，如果我们不起盲目反应，它就会灭去。就像这样，我们保持平等心，让过去累积的旧习性反应，升到心识的表层；一个接一个的旧习性，会以各种感受呈现出来，借由对这些感受保持觉知与平等心，我们得以渐渐根除旧的习性反应。

只要嗔恨的习性仍然存在，每当面临生活中不愉快的经验时，潜意识的习气就会生起嗔恨的反应；只要贪爱的习性反应尚未根除，任何愉快的情境，都会再次产生贪爱。内观的训练可以渐渐改变这些习性反应。每次练习内观，我们都会一再经历到愉快和不愉快的感受。以平等心观察每一个感受，我们得以逐渐削弱并且除去贪爱、嗔恨的习气。在某一种习性反应被根除后，我们就再也没有那一种痛苦了。而当所有的习性反应一个接一个地被根除之后，心就完全解脱了。精通这个过程的圣者曾说过：

> 习性本是无常，
> 生灭为其本质。
> 若其生起，并被根除，
> 就会带来真正的快乐。（注一）

每个习性反应生起又灭去，在下一瞬间又再度生起，如此循环不已。如果我们能培养智慧，并且开始客观地观察，这种循环就会停止，开始根除习性反应。只要我们不起盲目的反应，一层又一层的旧习性反应就会生起，并被根除。能够除去多少旧的习性反应，就能享有多少的快乐，享受从痛苦中解脱的快乐。如果所有过去的习性反应都被消除殆尽，我们就得以享受到全然解脱的无限快乐。

内观可说是一种精神的断食，由此清除过去的习性。我们一生当中每个片刻，都不停地在产生盲目的反应。现在，借着保持觉知以及平衡，我们开始在某些片刻，不再起盲目的反应，不再产生任何的习性反应。无论这些片刻是如何的短暂，都是非常强而有力的，因为它们带动了反向的运作过程，也就是净化的过程。

想要启动这个净化的过程，必须真正做到“无为”；也就是说，我们必须确确实实不再生起任何新的盲目反应。无论所经历到的感受，其起因为何，我们只是以平等心观之。如同点亮一盏灯，就能驱除一室的黑暗，觉知与平等心的产生，就自然能够清除旧的习性反应。

佛陀曾经讲过一个故事，是关于一个乐善好施的人。但在故事的结尾，佛陀下了一个结语：

即使他做了最大的布施，若他能以恭敬心皈依觉者（佛）、正法（法）、圣众（僧），其功德将更加殊胜；即使他能如此，若他以恭敬心持守五戒，其功德更加殊胜；即使他能如此，若他能在短如挤牛奶的时间里，培养对一切众生的善念，其功德更加殊胜；即使他能如此，若他能在一弹指的时间里，培养对无常的觉知，其功德更加殊胜。（注二）

也许，修行者只能在一小片刻中，觉知到身体上的各种感受的实相；因为他了解瞬间生灭的本质，所以能够不对它们生起盲目的反应。即使是如此短暂的片刻，也会有极大的效果。随着耐心有恒、持续不断的练习，保持平等心的短暂片刻会逐渐增长，而盲目反应的片刻会慢慢减短。渐渐地，不断起反应的心灵惯性会被打破，旧的习性会被根除，直到有一天，不再有任何过去的或现在的盲目反应，心也就由痛苦中解脱出来了。

内观问答八

问：今天下午我换了一种新姿势。用这个新姿势，我可以坐久一点也不用换姿势，而且背也可以保持端直。但是这么一来，却不能感觉到很多感受。不知道感受到底会不会出现呢？还是我应该换回原来的姿势？

答：不要故意选择一个不舒服的姿势来制造感受。如果那种练习方式是正确的话，我们就会要你坐在钉床上！这些极端的做法并没有帮助。应该选择一个舒服的姿势，让你的身体可以端直，让感受自然地出现。不要勉强制造感受，让它们自然发生。感受会出现的，因为它们本来就在那里。可能因为你在寻找过去曾经体验过的感受，而当时呈现出来的，却是别种感受。

问：跟以前比起来，第二种姿势会让我觉察到较微细的感受。原来的坐姿，才坐一会儿就得变换姿势。

答：这么说来，你已经找到一个比较合适的姿势了。现在让感受顺其自然地发生。也许一些比较粗重的感受已经消失，而现在你必须去处理较微细的感受，但你的心又还不够敏锐，没办法感觉到。练习一下观呼吸，让心变得敏锐一些，这样可以帮助你专注，同时让你比较容易观察到微细的感受。

问：我一直以为粗重的感受比较好，因为这样表示一个旧的习性反应生起来了。

答：不一定是这样。某些不净烦恼会以非常微细的感受方式呈现。为什么要贪求粗重的感受呢？无论生起的是粗重的或微细的感受，你要做的，只是去观察它们。

问：我们该不该试着去分辨，哪个感受是和哪个习性反应相关联？

答：这样做是白费力气，毫无意义的。这就好像一个洗脏抹布的人，停下来检查布上面哪块脏污是哪个原因造成的，这样做对清洗抹布一点帮助也没有。要想将布洗干净，重要的是要有一块肥皂，同时正确地使用肥皂。如果懂得好好地洗这块布，所有的脏污自然可以清除掉。同样的道理，你已经得到了内观这块肥皂，现在运用它来清除心里所有的不净烦恼。如果你去寻找某些感受的起因，就是在玩理论游戏，而忘记了无常、无我。这种理论化的方式，并不能帮助你从痛苦中解脱出来。

问：我有点糊涂了，不知道究竟是谁在观察？又是谁或什么被观察？

答：没有任何理论上的答复能令你满意。你必须自己去检查：这个在忙着修行的“我”究竟是什么？这个“我”是谁？不断地去探究、去分析。看看是不是有个“我”会出现。如果有的话，就去观察它；如果没有任何东西出现，就接受：哦！原来这个“我”是个幻象！

问：有些类型的习性不是正面的吗？为什么也要除掉呢？

答：正面的习性鼓舞我们朝着解脱之道迈进。但是一旦我们达到解脱的目标，所有的习性都应该被舍弃，无论是正面的或是负面的。就好像你用竹筏渡河，一旦你渡过了河，你不会将竹筏顶在头上，继续你的旅程。竹筏已经完成它的任务，现在再也不需要它了，所以应该将它留下来。（注三）同样的，一个已经完全解脱的人，不再需要任何的习性。一个人得解脱，不是因为他有正面的习性，而是因为心的净化。

问：为什么在刚开始练习“内观”的时候，我们会体验到不愉悦的感受？为什么愉悦的感受后来才出现？

答：内观会先帮我们清除最粗重的不净烦恼。当你扫地的时候，你会先将所有的垃圾和杂物一起扫走，之后才可以扫到愈来愈细的灰尘。内观的练习也是如此：首先根除心中粗重的不净烦恼，剩下较微细的不净烦恼会以愉悦的感受呈现出来。你有可能会对这些愉悦的感受产生贪求，因此，你一定要小心谨慎，不要误将愉悦的感官体验当做最终的目标。一定要继续客观地观察每一个感受，才能根除所有的习性反应。

问：您曾经说过，我们都有自己的脏床单，也同时有洗床单的肥皂。今天我觉得我的肥皂快用完了！今天早上我的练习非常精进顺利，但是到了下午，我开始觉得毫无希望，而且很生气，我对自己说：“唉，有什么用！”那情形就好像是，每当禅修很好时，藏在里面的敌人——也许是“自我”——也生出同样强大的力量，将我打倒。我觉得没有力气与它对抗。有没有什么方法让我退到旁边，不必对抗得这么辛苦？有没有什么聪明的方法？

答：保持平等心就是最聪明的方法！你所经验到的现象非常自然。当你觉得修行得很顺利，心变得平衡了，就能够穿透心识的深处。这种深度的心灵手术撼动了过去的习性反应，使得它浮上心的表层。在接下来的禅坐时段里，你就得去面对这负面情绪的风暴。在这种情况下，平等心是非常重要的，要不然这些负面情绪就会压倒你，使你无法禅坐。如果你的平等心微弱，就先练习观呼吸。当强烈的暴风雨来袭，你必须放下船锚，静待暴风雨离去。呼吸就是你的船锚，练习观察你的呼吸，情绪的风暴自会消退。事实上，负面情绪浮上表面，是好事情，因为这么一来，你就有机会可以将它清除。如果你能保持平等心，负面情绪自然会轻易地灭去。

问：如果我不觉得痛，还能从练习“内观”中得到什么益处吗？

答：如果你能保持觉知与平衡，那么无论你是否觉得痛，你都确实在进步。并不是说非要觉得痛，才能在解脱之道中进步。如果不感到痛，就接受这个事实：没有痛。你只是去观察当下“是”什么。

问：昨天我有一个体验，好像我整个身体都消融了，那感觉就像身体各处只是一团轻微的震动。

答：然后呢？

问：当这情形发生时，我想起小时候，曾经有过类似的经验。这么多年来，我一直在寻找方法，可以让我再回到那种体验，而它竟然再度发生了。

答：然后呢？

问：所以很自然地，我希望这种经验能持续下去，我想延长它，但它变化、消失了。然后，我就想尽办法，希望那体验再度出现，但是没有。相反的，今天早上，我只有粗重的感受。

答：然后呢？

问：然后我发现我把自己弄得很不快乐，因为我一直想找回那个体验。

答：然后呢？

问：然后我了解到，事实上我们在这里并不是为了寻求某种特殊的体验，对吗？

答：对。

问：我们来这里是学着去观察每个体验，但不对它们起盲目的反应，对吗？

答：对。

问：所以说，内观的真正目的是培养平等心，对吗？

答：对。

问：我觉得要将所有过去的习性反应一一除去，似乎得花上永无止境的时间。

答：如果一个片刻的平等心，恰恰减少一个旧有的习性反应，那确实得花上无限长的时间。但事实上，对感受的觉知力，会带你到达心的最深处，让你得以铲除过去习性的根。如此一来，如果你有很强的觉知与平等心，在一段相当短的时间内，你就可以铲除整个习性反应的盘根错节了。

问：那么这个过程得花多久呢?

答：要看你累积了多少需要清除的习性反应，还有你练习得是否精进。你无法衡量过去累积了多少盲目反应，但你可以确定，你愈认真练习，就愈快迈向解脱。坚定不移地继续朝目标努力，到达目的地的时刻终会来临——很快就会来，不会很慢!

故事：就只是看

有一位隐世的修行者，住在靠近现在孟买的地方，他是一位修行很好的人。所有遇见他的人，都因为他的内心纯净而尊敬他，有很多人认为他是一位完全解脱的人。

受到这许多的称赞，这人开始相信："我可能是个真正完全解脱的人。"但是，生性诚实使他谨慎检查自己的心，发现自己的心里仍有染污。当然，只要有染污存在，他就并未达到完全解脱的境界。于是，他就询问向他致敬的人们："是否有完全解脱的圣人在这世界上呢？"

"是的，"他们回答，"有一位出家人乔达摩，被称为佛陀，他住在舍卫城中，是一位完全解脱的圣人，并且他教导人们达到解脱的方法。"

"我必须去见这位圣人，"这位隐士下定决心，"我必须向他学习完全解脱的方法。"于是，修行者从孟买出发，经过印度中部，终于到达舍卫城，它位于现在印度的北方邦(Uttar Pradesh)。到达舍卫城后，他就前往佛陀的内观中心，并询问佛陀的去向。

"他已经出去了，"有一位出家人回答，"他到城里去乞食，请在这里休息等待，他很快就会回来。"

"不行，我不能等待。我已经没有时间等待！请告诉我他的去向，我要去找他。"

“好吧！如果你一定要去找他，可以顺着这条路走去。他是由这条路出发的。”这位隐士立刻再度出门，到城市的中心。他看到一位出家人正沿街托钵。这位出家人散发出一种不可思议的平静安详气氛。隐士认为他一定就是佛陀，于是他询问一位路人，也证实了他的想法。

就在街道的中央，隐士走向佛陀，向他顶礼，并且触着佛陀的双脚。“圣者！”修行者说，“我听说您已经完全解脱，而且教导解脱的方法。请把这个方法传授给我。”

佛陀说：“是的，我教导这方法，我可以传授给你。但是，目前的时间和地点都不恰当。请回到内观中心等我，我会很快回去教你这方法。”

“不！圣者，我不能等。”

“你不能够等半个小时吗？”

“不行！圣者，我不能再等！可能在半个小时内，我会死去，或你会死去，或是，我对你的信心会完全消失，那么我就学不到这个方法了。圣者！现在就是时候，请您现在就教导我吧！”

佛陀注视他，并且发现：“是的，这个人剩下的时间不多了，他在几分钟内将会过世。他必须在此时此地得到法的教导。”可是，在这马路中间如何传法呢？佛陀只说了几句话，但是，这些话包含了所有的教导：

> 当你看时，就只是看；当你听时，就只是听；当你嗅、尝、触时，就只是嗅、尝、触；当你认知时，就只

是认知。

在眼、耳、鼻、舌、身、意六根接触到色、声、香、味、触、法六尘时不要有价值判断，也不要有因循旧习的分别心。当我们开始判别某一个经验是好是坏时，过去的盲目反应，会使我们以扭曲的角度来看事情。为了让心从各种束缚中解脱，我们必须学习不经由过去的习性反应来判断事情，而只是保持觉知，不作价值判断，不起习性反应。

由于这位隐士的心已经非常清净，所以几句话的教导已经足够了。就在马路的旁边，他坐下来，集中注意力观察自己的身心，不作任何价值判断，不起任何习性反应；他只是单纯地观察自己身心内的种种变化。在他活着的最后几分钟内，他达到了最终的目标，成为一位完全解脱的觉悟者。(注四)

第九章

目 标

明白你是自己的主人，没有任何事可以击败你，你可以微笑地接纳生活中的一切——这就是心的完全平等，也是真正的解脱。

有生就有灭。（注一）

体验这个实相是佛法的要旨。身与心仅是不断生灭的过程，我们对短暂且没有实体的过程产生执著，就会有痛苦。如果我们体验到这些过程的无常性，执著就会消失。这就是内观者的工作：观察自身内在不断变化的感受，以明白无常的性质。当感受生起时，不起任何习性反应，只是让它生起又灭去，这样的话，旧习性会浮上表面，然后灭去。旧习性和执著停止，痛苦也会停止，我们才会获得解脱自在。这是一件长期的工作，必须不断用功，每走一步都会获得一步的利益。唯有不断努力、耐心、坚持、持续地练习，才可以抵达目标。

洞察究竟的实相

练习过程有三个阶段：第一，先学会这个修行方法，知道怎么做和为何而做；第二，实际练习；第三，洞察实相，用这个修行方法去贯穿自身实相的底层，而迈向最后目标。

佛陀并没有否认人类（包括他自己）的形状、颜色、口味、气息、苦乐、念头和情绪的存在，他只是强调这并非究竟的实相。在一般的观察，我们只注意到大范围的构造，而这些构造是由更微细的现象构成的；只注意大范围而忽略内在微细的成分，会让我们只看到它们主要的差异点，然后给以区分加上标签形成偏见，而有了好恶——这过程便发展成贪爱和嗔恨。为了脱离贪嗔的习性，我们不仅要全盘观照，且要深观以洞察表相之下的现象，而这正是内观者所要做的。

刚开始从身体各部分、四肢及器官作自我检验，进一步的检查会发现身体有些部分是坚硬的固体、有些是柔软的流体、有些在动、有些静止不动，或许我们会感觉身体的温度与周围环境不同，所有的观察将有益于培养更强的自我觉知。但这些仍只是在观察某个组合体的表相，因此依旧会有喜好、偏见及贪爱嗔恨。

只要内观者继续练习觉知自身的感受，原先被忽略的微细感受会显露出来。首先会感觉在身体不同部位有不同形式的感受，这些感受会生起，持续一会儿，最后会灭去。虽然我们此时已经超越外在的层面，但仍只是在观察明显实相的整体构造而已，因此我们还未从贪爱、嗔恨中解脱出来。

如果我们认真地持续练习，迟早能体会到感受变化的本质，此时通体有一致的微细感受，这些感受很快地生起与灭去。我们已经超越整体构造的感受，了解构成的内部现象——它们是由亚原子粒子所构成的！我们直接体验这些粒子的现象本质——不断生起与灭去。此时，无论我们观察内在的什么，不管是血液或骨骼，固体、液体或气体，丑陋或美丽，只觉察到一团不能区分的振动。我们加以区别及给予标签终于停止下来。我们已经历身体内在结构的究竟实相，也就是说，不断地变化、生起和灭去。

同样的，内心过程的明显实相也可以穿透较细微的层面。比如说，内心依着过去的习惯，生起喜欢、不喜欢的念头，接着内心重复并加深这种喜恶反应，它就发展成贪爱或嗔恨。一般人只能察觉到这强烈的反应，以这种表层的认知，人们开始判别愉快与不愉快、好与坏、要与不要。与观察表相物质的方法相同，对待强烈的情绪反应亦可使用相同的方法。我们开始以观察自身的感受来观察它，它必定会消融。正如同物质只是亚原子粒子的细微波动，强烈的情绪也只是对感受的瞬间好恶、瞬间习性反应的整体形态而已。一旦强烈情绪消融成细微的形式，情绪就无法控制我们。

在观察身体不同部位的不同坚硬感受之后，我们进一步觉知细微一致的感受，在身体内部不断生起与灭去。由于感受急速的出现与消失，我们可以体验到一阵阵的波动通过身体，无论注意力停留在身体上哪一部位，我们所体验到的无非是生起与灭去。无论心中何种念头生起，我们都能察觉到伴随而来的身体感受，生起之后随即灭去。我们经由身心表面坚实的消融，体验到身体与心理习性的究竟实相：只有振动生起与灭去。体验过这种实相的人说：

> 这世界是火，这世界是烟，这世界正在燃烧，这世界正在振动着。（注二）

要达到消融（bhaṅga）阶段，内观者必须要培养觉知与平等心，如同科学家增加显微镜的倍率，以观察更细微的现象。培养觉知与平等心，即有能力观察内在更微细的实相。

当消融发生时，这种经验非常愉快。所有的疼痛已经消失，没有感受的部位已经消失，只觉得安详、快乐与喜乐。佛陀形容它如下：

> 体证到身心的生灭时，他可享受到喜乐和轻安。他将证得和圣者一样的无死。（注三）

当身心表面的坚实感因修行而消融时，喜乐必然生起。这样的愉快感，会让我们误认为是最终的目的，但它只是一个中途站。我们必须再接再厉，才能体验超越身心的究竟实相而达到完全的解脱自在。

佛陀的这些话在实际修习中变得很清楚易懂。从粗糙到微细，我们开始享受通体流畅之感，然后这种电流突然消失，我们再度体验在某些部分有紧张、不愉快的感受，或许有些部分没有感受。心里再度经验紧张的情绪时，如果我们开始厌恶这新情况并渴望电流振动再回来，我们就未了解内观，因为我们已经转入趋乐避苦的游戏中，这就和现实生活中我们一直在玩的游戏相同——无止境的拉与推、吸引与排斥的循环中，如此将只有痛苦。

但当智慧增长，我们知道在消融经验后，粗重感受再度出现时意味着进步而非退步。我们练习内观并不以体验某种特殊感受为目的，而是要从习性反应中解脱。如果我们对感受起习性反应，就增长痛苦。反之，如果我们保持平稳，使某些旧习性消失，如此感受变成一种解除痛苦的工具。观察不愉快的感受而不起习性反应，我们就能根除嗔恨；观察愉快感受而不起习性反应，我们就能根除贪欲；观察中性的感受而不起习性反应，我们就能根除无知。因为感受或经验没有所谓好与坏，对它保持平衡心就是好的，失去平等心就是坏的。

有了这样的了解，我们就应用每个感受作为根除习性反应的工具。这个阶段就是“行舍”（saṅkhāra-upekkhā）——对所有习性反应保持平等心，如此就会一步步走向解脱的究竟实相——涅槃。

解脱的经验

解脱是可能的。人可以从习性反应、痛苦中获得自由。佛陀说：

> 这种经验超越身心世界，不是此界，不是彼界，不是两者，不是日月，我称它无生无灭、无往也无生死。它不需要支持，不需要培养，不需要根基，这是痛苦的终点。（注四）

佛陀也说：

> 有一个无生、无成、无为、无条件的存在。若非如此，将无法从有生、有成、有为、有条件中解脱出来。但因为有一个无生、无成、无为、无条件的存在，才能从有生、有成、有为、有条件中解脱出来。（注五）

涅槃并非只是死后的状态，它是此处此刻可经验到的。用否定语措辞形容它并非因为它是负面的经验，而是因为没有更好的方式来形容涅槃。每种语言都有描述身心现象的用语，但没有用语或观念可描述超越身心的东西。任何类型、任何比较都无法形容，我们只能用“它不是什么”来形容它。

事实上，想要去形容涅槃是毫无意义的，任何的形容只会带来混淆，不必去讨论或争辩它是什么，重要的是去体验它。佛陀说：

能息灭痛苦的珍贵真理，必须亲自去实践它。（注六）

当一个人已证得涅槃时，涅槃对他而言才是真实的，此时所有对涅槃的争辩都变得不相关了！

想要体验解脱的究竟真相，首先必须穿越表面的实相，去经验身心的消融状态。越能穿越表面的实相，就越能止息贪嗔和执著，也就越接近究竟的实相。一步一步努力去做，自然就能到达涅槃的境界。不必去渴求，或怀疑它的出现。所有正确修习正法的人都会到达这个境界。涅槃何时会出现，没有人知道，一部分依各人所累积的习性反应而定，一部分依各人努力根除的程度而定。要达到此目标，我们所能做且必须做的就是持续观察而不起习性反应。

我们无法决定何时会证得涅槃，但我们可以确定使自己朝向目标不断前进，我们可以控制现在的心。无论内在或外在发生什么事，都保持平等心，此时此刻我们就达到解脱。已达到这种最终目标的人说：

贪嗔痴的息灭就是涅槃。（注七）

内心灭除贪嗔痴，就体验到解脱。

我们正确修习内观的每一分钟，都可以体验解脱。毕竟，法的定义是不仅在未来，当下也有结果，在过程中的每一步我们都会得到好处，而且每步都直接能通向此目标。此时此刻，心远离了习性反应，就有一颗安详的心，每个这样的时刻使我们更加接近全然的解脱。

我们不能努力去培养涅槃，因为涅槃是培养不出来的，它原本就存在的。但我们可以努力培养通向涅槃的特质——平等心的特质。观察真相而无习性反应的每一时刻，我们就向究竟的实相前进。心的最佳特质是拥有全然觉知实相的平等心。

真正的快乐

佛陀曾被问及何谓真正的快乐，他举出许多产生快乐的正当行为，这些行为才是真正的幸福。所有的幸福（喜悦）分成两类：一是实现对家庭与社会的责任而造福他人（众善奉行）；一是自净其意（净化内心）。个人的善是无法脱离他人的善，最后佛陀说：

> 当面对生命的起起落落，保持心境平稳，不受动摇，没有嗔恨，不生不净烦恼，总是觉得安定，这就是最大的快乐。（注八）

在个人身心的小宇宙中或外面世界无论发生什么事，我们能面对它——没有紧张，没有被压抑的贪嗔心——而是用全然的放松，发自内心深处的微笑。不论是面对喜欢或不喜欢，想要或不想要的每种状态，都没有焦虑，在了解无常后感到全然的安定，这就是最大的喜悦。

明白你是自己的主人，没有任何事可以击败你，你可以微笑地接纳生活中的一切——这就是心的完全平等，也是真正的解脱。透过内观的修习，当下就可以获得这些。真正的平等心并不是消极的疏离，不是逃避生活的困境，也不是把头藏在沙堆里。心的真正平衡是基于对问题的全然觉知，能觉知所有层面的实相。

没有贪嗔心并不是无感觉地忽视他人的痛苦，而只管享受自己的解脱。相反的，真正的平等心有很恰当的称呼："神圣的无分别。"它是生动有力的品质，是内心净化的表现。当一个人能从盲目反应的习惯中解脱出来，它的心开始能采取对自己或他人有创意的、有建设性的、有益的积极行为。有了平等心（舍），纯净心的其他物质会接着产生：帮助别人而不要求回报的善意与爱心（慈）；同情别人的失败与痛苦（悲）；分享别人的成功与好运（喜），这四种特质是修习内观必然的结果。

原先，我们总是留住自己喜好的，而把不喜欢的推给别人，而现在我们明白自己的快乐并不是建立在他人的牺牲上；给别人快乐才会带给自己快乐。因此我们要与人分享我们的安详，并且脱离痛苦，体验解脱的喜乐，我们体会到这就是最大的善。因此我们也希望别人能体验这种安详，并发现这个离苦的方法。

这就是修习内观的总结：慈心观（mettā bhāvanā）——对他人生起善意。以前刚开始，可能只有口头上的修慈悲心，内心深处贪嗔仍继续着。而现在习性反应的过程有时会停止，自我的恶习消失，从内心深处自然地生起善意、慈悲。以纯净心全力为后盾，慈悲心变得强而有力，能产生安详和谐的气氛，来利益众生。

有人觉得保持平等心就无法过多彩多姿的生活，就好像画家有许多色彩可挑选，却只选用灰色；或有人会弹钢琴，但是只选择弹奏C中音，这是对平等心的误解。事实上，以往这钢琴已经走调而且我们不知如何弹奏它，若只是胡乱敲击键盘自我表现一番，如此只会弹出不和谐的音调。但如果学会调音并正确弹奏乐器，就可以产生音乐，从键盘最低到最高的音阶，所弹奏出的每个音符都是和谐而美好。

佛陀曾说：净化内心之后，能获得圆满的智慧，我们经历到"喜、悦、平静、觉知、彻悟、真乐"。（注九）有了平等心，我们更能享受生命。当愉快时，我们当下具有全然不散乱的觉知去尽情欣赏它。但当愉快的经验消失，我们不会苦恼，我们依然微笑，明白它终究会改变的。同样的，不愉快时，我们也不会沮丧，我们会去了解实情，并且也许能找出解决之道。假如我们力有未逮，还是可以保持祥和，因为我们充分知道这种现象是无常的，一定会消失。这样，心情放松，我们可拥有更愉快和丰富的生命。

有一个故事提到，缅甸人曾经批评乌巴庆的学生们说："他们欠缺内观者应有的严肃举止。"批评者承认这些内观者在课程当中认真地学习，但课后他们总是显得愉快而面带微笑。当这些批评传到受人敬重的缅甸和尚韦布·萨亚道（Webu Sayadaw）的耳朵中，他说："他们微笑，因为他们能微笑。"他们的微笑并非是执著或无知的微笑，而是法的微笑。一个已净化内心的人不会再愁眉苦脸，当痛苦去除，他自然微笑；当学得解脱之道，他就自然感到快乐。

这微笑发自内心，表现出安详、平等与善意。每种情况下都保持灿烂的微笑，这是真正的快乐。这就是法的目标。

内观问答九

问：我想知道处理身体疼痛的方法是否也可用于处理妄念？

答：只要接受心中有妄念或情绪在。这妄念以前被压抑住，现在浮现到意识层面。不需要再探究细节，只要接受它，情绪就是情绪。在这时候，你身体感受到什么？每种情绪在身体上必会产生感受，开始去观察这感受。

问：那我们要去找寻和这情绪有关的感受吗？

答：观察任何产生的感受。你无法发现何种感受和情绪有关联性，绝不要做这样的事，那会徒劳无功的。有时候当情绪生起时，你的身体会感觉到与这情绪相关的感受。只是去观察这些感受并明白："这些感受是无常的，情绪也是无常的，让我看看它会延续多久。"你会发现你砍掉了情绪的根源，它消失了。

问：你认为情绪和感受是一样的吗？

答：它们是一体两面，情绪是心理的，感受是生理的，但两者关系密切。事实上，心中产生情绪，身体上也会随着产生感受，这是自然的法则。

问：但情绪本身也是一种心理现象吗？

答：当然是心理现象。

问：心也是整个身体吗？

答：它和整个身体是紧密相关的。

问：心识是否存在身体的所有原子中？

答：是。这就是为什么情绪和相关的感受会在身体内的各处生起。如果你观察全身的感受，你也一定观察到情绪相关的感受，那你就能脱离情绪。

问：如果我们坐着而没有感觉到任何感受，这种修习还有益处吗？

答：如果你坐着观察呼吸，可以使心平静下来并集中，接着去观察感受，但除非你能感觉到感受，否则净化过程无法进到深层。在内心深处，习性对持续发生的感受不断起反应。

问：日常生活中，如果我们有片刻保持不动并观察感受，那有帮助吗？

答：当然。当你没有其他工作，即使是睁开眼睛，你应觉知你自身的感受。

问：老师如何判认学生已证得涅槃？

答：有许多的方法去检查是否真正体验到涅槃，但老师必须受过正确的训练。

问：内观者如何自知（证得涅槃）？

答：由生活中的改变即可知。真正体验涅槃的人会变得神圣且内心纯净。对根本五戒的任何主要原则，他们不会触犯。对自己的错误不会隐藏，且尽力不再犯同样的错误。他们会放弃对典礼仪式的执取，因为他们认为这些只是外在形式，空洞而无体验的内涵。他们对走向解脱的正道怀有不可动摇的信心，他们不再摸索其他的方法。最后，自我的幻影会被粉碎。如果有人声称已证得涅槃，但他们的内心仍和以前一样不净，行为也和以前一样不恰当，这就有问题。生活的方式会显现出是否真正证得涅槃。老师不应该发出某学生已证涅槃的“证书”，否则将会变成师生建立自我的竞争。学生会努力想得到“证书”，而老师发出的“证书”越多，老师的声望也会提高。涅槃变得次要，“证书”反而居首位，变成一种疯狂的游戏。正法只是帮助学生证得涅槃，变得自在解脱。老师教导的真正目的是确实地帮助学生，而不是提高他们的自我。正法不是游戏。

问：精神分析法和内观法有何不同?

答：精神分析法系指试着将那些强烈影响现在心理的过去事件，召回至意识层面，而内观法是带领内观者到习性发生的内心最深层面。精神分析所召回的每个事件，在身体上都会伴有感受，内观以平等心观察全身的感受，使无数层的贪嗔习性生起及灭去。内观处理习性反应从根源下手，很快且容易从习性解脱出来。

问：何谓真正的慈悲心?

答：它系指服务、帮助别人脱离痛苦的愿望，但不能有执著。如果你为别人的受苦而哭泣，只是让自己不快乐，这并不是正法。如果真有慈悲心，用所有的爱尽力去帮助别人；如果失败了，笑一笑，再找寻其他的方法。你的付出不要求结果，真正的慈悲来自一颗平衡的心。

问：您能说内观（毗婆舍那）是证悟的唯一方法吗?

答：经由检查自己及消除贪嗔习性可达到证悟，这种方法即是内观，不管你如何称呼。有人未曾听过“内观”，但内观过程自然地发生在他们身上。这类例子在许多印度圣者身上可以见到，这是从他们的言论中判断出来的，但因他们不是按部就班地学来，所以无法很清楚为别人解说。在此你有机会一步步地去学习，此法将会带领你走向证悟。

问：您说内观是放诸四海皆准的生活艺术，这样不会使修习它的其他宗教人士困扰吗？

答：内观并不是装成一种宗教和其他宗教竞争。我们不要求内观者盲目接受哲学理论，而是告诉他们只接受自己亲身的真实体验。最重要的不是理论而是实践，所实践的是道德行为、专注和净化的洞察力，这三项哪一个宗教会反对它？它又如何困扰人呢？实践才是重要的，你会发现这些疑虑自动解除。

故事：买油

有一个母亲叫她的儿子带着空瓶和十卢比的钱到附近的杂货店去买油。男孩打了瓶油，但在回家的途中跌倒打翻了油瓶，有一半的油流掉了，只剩下半瓶的油。发现少了半瓶油，他回家哭着告诉母亲："哦！我打翻了半瓶油，我打翻了半瓶油。"他非常不快乐。

母亲又叫另一个儿子带了另一个瓶子和十卢比去买油。他也打了瓶油，回家途中跌倒，瓶子也翻了，这次也是流掉半瓶的油。他捡起瓶子回家，高兴地告诉母亲："你看，我救了半瓶油！当油瓶掉了，油开始流出来时，有可能全部流光，但是我救了半瓶油！"两兄弟在同样情况下回家，交给母亲的，都是只剩下半瓶油。一个为失去的半瓶油而哭泣，另一个为剩下的一半而高兴。

于是，母亲又叫另一个儿子带另一个瓶子和十卢比去买油。他同样在回家途中跌倒了，油瓶掉到地上，一半的油也流掉了。他捡起瓶子，跟第二个孩子一样，回家后很高兴地对母亲说："妈妈，我救了半瓶油。"但这个男孩是会内观的孩子，不仅乐观，而且很实际。他心里很清楚："嗯，我虽然挽回半瓶油，可是另一半已经流失了。"所以，他又告诉母亲："我要到市场去打一天工，赚回五卢比的钱，填满这个瓶子，傍晚以前我一定可以完成的。"这就是内观。它不是悲观主义，而是乐观主义、现实主义、实践主义。

有了平等心，我们更能享受生命。当愉快时，我们当下具有全然不散乱的觉知去尽情欣赏它。不愉快时，我们也不会沮丧，我们会去了解实情，并且也许能找出解决之道。

第十章

生活的艺术

有了纯净的心，不可能想伤害他人，反而对所有人充满了善意与慈悲；在语言上、行动上及生活上，都会过着无过失、宁静与祥和的生活。

我们的许多成见中，其中最基本的是认为有一个“我”的存在。这样的假设，使我们每个人把“我”摆在首位，视自己为宇宙的中心。尽管在大千世界中，我们毫无困难地看到我们的世界只是其中的一个；在这个世界的芸芸众生中，我们也看到自己是其中的一个。无论我们如何自我膨胀，与浩瀚的时空比较，“自我”实在显得微不足道。“自我”的概念显然是错误的，虽然如此，我们仍致力于追求自我实现，认为这是快乐之道。若想以别种方式来生活，反而显得不自然或甚至觉得有危险。

但任何经历过自我意识折磨的人，都知道那是多么大的痛苦。一旦我们局限于欲望、恐惧、身份，我们就被限制在狭隘的自我监牢中与世界隔绝而与生活脱节。从自我的妄念中苏醒，才是真正地脱离束缚，使我们走向世界，对生命开放、对别人开放，找到真正的实现。我们并不需要自我否定或自我压抑，而是要从错误的自我观念中解脱。这条解脱之路是先明白我们所谓的“我”，事实上是短暂的、不断变化的现象。

内观是获得这种洞见的方法，未曾体证过身心变化无常的人，必会落入自我主义的圈套中，而招致痛苦。一旦恒常不变的错觉粉碎后，“我”的错觉自然就会消失，痛苦也会消失无踪。对内观者而言，体认自我与外在世界生灭的本质，用以打开解脱之门的钥匙，就是“无常”。

了解无常很重要。“无常观”连贯整个佛陀的教导。他说：

“只要能活着一天了解生灭的实相，好过活了对它无知的一百年”。（注一）

对无常的觉知，他比喻为农夫的犁头，犁田时能断除所有的根；又好比屋顶的最高屋脊，高过所有支持它的梁；好比强权的领袖，统治诸侯；好比月亮的光亮，使星光失色；又好比升起的太阳，驱散所有的黑暗。（注二）他在临终前的开示是：

“所有的业行、所有有为的事物终将会毁坏，努力去学习体悟实相吧！”（注三）

无常的实相不能只在知识上接受，也不能由于情绪或虔信而接受。每个人都必须从自己身上去体验无常，直接了解无常，同时了解自我的幻化本质与痛苦的本质，才能建立走向解脱的正见，这才是正当的了知无常。

当戒、定、慧三种练习达到极致，内观者即可经验到解脱的智慧。除非接受这三种训练，一步步地走在这条路上，否则不能达到洞见而解脱痛苦。但即使在开始练习之前，也必须具有某些智慧，或许只是先从知识层面上认识苦谛。即使是浅显的了解，如果没有这样的了解，是绝不会生起想努力解脱痛苦的念头，所以佛陀说：

“正见是首要的。”（注四）

因此，八圣道的第一步就是正见与正思维。我们必须正视问题并决定要解决它，这时才有可能去练习。我们开始在道德上实行此正道，遵照戒律来端正我们的行为。借由专注力的训练开始训练心，靠察觉呼吸来培养定力，靠观察全身的感受，培养解脱习性的智慧。

当我们从自身经验中，体会到真理时，正见又再度成了八圣道中的第一步。透过内观的修习，了解变化无常的本质，便可脱离贪、嗔、痴三根本烦恼。有了纯净的心，不可能想伤害他人，反而对所有人充满了善意与慈悲；在语言上、行动上及生活上，都会过着无过失、宁静与祥和的生活。内心的平静来自戒律的实践，因此容易培养专注力。定力越强，就越有深入的智慧，如此良性循环走向解脱之道。

戒定慧互相支援，就像三脚架的三只脚。三脚缺一不可，且要一样长，否则就无法站起来。同样的，修行者要戒定慧共修，平衡培养八圣道。佛陀说：

> 从正见进入正思维；由正思维走向正语；正语导入正确的行为（正业）；正业可发展正当的职业（正命）；正命带来正确的努力（正精进）；正精进就能产生正念；正念导致正定；正定能产生正智慧；正智慧才能得到正解脱。（注五）

即使在此时此刻，内观修行也能有相当深远的实用价值。在日常生活中，有无数的状况发生威胁到内心的平静。意想不到的困难会产生，意想不到的人会跟我们对立。毕竟，练习内观并不是保证不会面临困难。正如学会开船，不代表航程会一帆风顺，暴风雨还是会来，问题依然会发生。想逃避是枉然的，而且会有挫败感，相反的，正确的开船是利用学得的所有技术，来让自己安然驶离暴风雨。

为了能做到这样，首先我们必须明白问题的本质。无知使我们责怪外在的事件或人物，认为他们才是问题的根源，因而花费所有的精力想去改变外在事物。但修习内观会明白除了自己以外，没有人该为自己的快乐与否负起责任。问题存在于盲目反应的习性，因此我们应该注意内心所习惯反映出来的内在风暴。只是下定决心不起习性反应的方式是行不通的。只要盲目反应的习性仍存在潜意识中，尽管我们尽全力压抑，它迟早会生起并且压倒我们的意识。故唯一的解决之道是去学习观察和改变自己。

说来简单，但做起来却很困难。问题是，我们应如何去观察自己呢？面对逆境时，负面的习性反应——生气、恐惧与憎恨已经油然而生，还没想到要去观察它，早已被这负面情绪制服了，并且做出负面的语言或行为。等到伤害已造成，再来认错后悔，已晚了一步。但下一次，我们再度面对逆境，仍又重复同样的行为。

或者，假定我们能体会生气的习性反应已经发生了，我们尝试着去观察生气本身。当我们尝试时，这些令我们生气的人或事物会在心中出现，想起这些会更增强我们的愤怒。要将这些人或事物隔离，只单纯地去观察我们的情绪，这是超出一般人的能力之外的。

但是，经由从观察身心的究竟实相，佛陀发现到无论何时心里生起情绪反应，在身体层面会有两种变化，一个非常明显，就是呼吸会变得粗重些；另一变化则比较微细，是生化方面的反应：身上会产生感受。经由正确的训练后，一般人可以很容易培养出观察呼吸和感受的能力。这样我们可以利用呼吸和感受的变化作为警示，在负面习性反应聚集到危险强度之前提醒我们。如果我们可以持续观察呼吸和感受，我们很容易从负面情绪中解脱。

当然，惯性反应的旧习已根深蒂固，无法立刻去除。但在日常生活中，只要我们加强练习内观，我们会发觉至少有一些状况，我们不会不知不觉就起习性反应，而会观察自己。渐渐地，观察的时刻会增加，而习性反应的时刻，即使有负面情绪产生，其时间和强度也会减少。最后，即使在最令人生气的状态，我们也能够观察呼吸和感受，而保持平稳平静。

以这种来自内心最深层的平等心，我们首次才有能力采取真正正面的行动——而真正正面的行动总是积极且具创造性的，而不是对别人的负面情绪盲目地生出反应，例如，我们会选择最恰当的处理方式。当遇到一个怒气冲天的人，无知的人也会跟着变得很生气，结果引来争吵，双方都会不愉快。但如果我们保持平静沉稳，我们会帮助别人远离愤怒，建设性地处理问题。

观察感受使我们学到：我们自己被负面情绪压倒时，我们就会痛苦，所以我们看到他们有负面反应时，我们明白他们正陷于痛苦之中。有了这样的了解，我们会产生慈悲心并愿帮助他们脱离痛苦，而不会让他们更痛苦。我们感到安详与快乐，也帮助别人得到安详与快乐。

培养觉知与平等心，并不是让我们像植物一样不动，也不是漠视他人的痛苦，而一味追求自己内在的平和。正法教导我们，对于自身和别人的幸福，我们都有责任，我们要尽可能帮助别人，但须始终保持平衡的心。看到一个小孩身陷流沙中，愚笨的人会变得心慌，奋不顾身跳入流沙中，使自己也陷在其中；而有智慧的人，会保持平静沉稳，找树枝搭过去，把小孩拉到安全地带。随着别人跳入贪嗔的流沙中是无法助人的，我们必须将别人带到心理平衡的坚硬平地上。

有时候在生活中，强烈的行为是必要的。例如，我们对犯错的人好言相劝，但对方听不进忠告，除非用强硬的语言或行为使他明白，因此采取强硬的行为是必要的。但在行动之前，我们必须先自我检查内心是否平静、是否对这个犯错的人充满爱与慈悲。如果是这样，这行动才会有用；若不是，一点帮助也没有。如果我们做事出自爱与慈悲，就不会错。当我们看到强者欺负弱者，我们有责任去制止这有害的行为。任何有理性的人都会这样做，虽然可能出自同情弱者而谴责侵略者。而内观者会对两方都有相同的慈悲心，因为必须保护弱者不受伤害，也要保护强者不受他自己有害行为的伤害。

采取任何强硬行为之前，检视自己是很重要的，事后才回顾辩解是不够的。如果我们无法体验内在的安详和谐，也就无法带给他人安详和谐。作为内观者，我们要学习超然，既慈悲又冷静。我们培养觉知与平等心，以帮助所有的人。如果我们都不做增加这世界紧张不安气氛的事情，就已经是有益的行为了。事实上无声的平等心行动胜过有声的，它具有深远的回响，对许多人和事物都会有正面的影响。

毕竟，负面的情绪，不论是自己或别人的，都是人类痛苦的根源。内心变得纯净时，无限宽广的生命就会在我们面前展开。我们可以享受，也可以和别人分享这真正的快乐。

内观问答十

问：我们可以告诉别人内观吗？

答：当然可以，法是没有秘密的。你可以告诉任何人在此的一切，但教导别人怎样修行又是另外一回事，是不宜的。唯有等到你对修行方法十分纯熟且接受过指导别人的训练之后，才比较恰当。如果有人对修习内观有兴趣，可以劝他们来上课。至少第一次内观的体验，必须在合格的老师的指导下，在安排好的十日课程中学习，然后才可自我练习。

问：我练瑜伽，如何和内观结合呢？

答：在上内观课程时，不允许练瑜伽，因为那会干扰他人。但回家之后，是可以将内观配合瑜伽姿势作为健身运动。瑜伽非常有益身体健康，有的甚至可以和内观结合。例如：你可以做出一个姿势，然后观察全身的感受，这样会比单纯练瑜伽更有益，但是使用咒语与观想技巧的瑜伽与“内观”就完全背道而驰，千万不要混用这种技巧。

问：那么关于瑜伽中不同的呼吸练习呢？

答：它们与健身练习同样是有益的运动，但不要把这些呼吸的练习与内观的观息法混合。观息时，你必须观察自然的呼吸，不要控制呼吸。把练习呼吸当做是一种健身运动，而观息则是为了内观。

问：我是不是执著于证悟呢？

答：如果是，那你是背离正法而行。只要有执著，你就绝不可能体验证悟。只要明白什么是证悟，然后继续观察当下的实相，证悟自然会到。如果没有，也不要失望，你只要做你的工作，把结果留给法去处理。如果你这样做，你就不是执著证悟，它就会来临。

问：那我只要努力内观就行了吗？

答：是的，净化你的心是你的责任。把这个当做是责任，但不要执著。

问：不要想达到任何目标？

答：该来的自然会来，让它自然地发生。

问：您对教导正法给孩子有何看法？

答：最好的时间是在出生前。在怀孕期间，母亲就应该修习内观，小孩会接收到，他将会是一个正法的小孩。但如果你已有小孩，你可以和他们分享正法。例如，在内观课程结束时，你学会修习慈悲观的方法，来和他人分享和谐。如果你的孩子们还很小，在每次内观后，及他们睡前将慈心回向给他们，这样他们也能得到法益。如果他们是较大的小孩，可讲解一些他们能接受的正法，让他们明白。若他们能了解，可以教他们练习观察几分钟呼吸，一起坐几分钟就让他们去玩。不要对孩子施压。让他们觉得内观就好像游玩，他们自然就会喜欢做。最重要的是你要过健康如法的生活，做孩子的好榜样；在家中你要建立和谐安详的气氛，让他们长大后成为健康快乐的人。这是你可以为孩子们做的最好的事。

问：谢谢您教导如此好的法。

答：谢谢法，法是伟大的。我只是个传递的工具，也谢谢你们自己，你们很努力，所以学会了这个修行方法。光是老师一直说个不停，而学生不去实行，就得不到什么！保持快乐，努力用功，努力用功。

故事：时机已到

我（葛印卡——编注）有幸出生于佛法之国——缅甸。殊胜的内观修行方法，经历了两千多年在此地还维持原貌。我的祖父大约在一百多年前，从印度移民到此定居，所以我也在这里出生。我很庆幸自己出生于商贾之家，也很庆幸自己从十几岁就开始工作赚钱。当时我的人生目标就是赚大钱，我很幸运地在年轻时就赚了很多的钱。如果我不曾了解有钱人的生活，就无法亲身体验富人生活的空虚。如果我没有如此亲身体验，那么在我内心的某个角落，可能会时时萦绕着这样的想法：真正的幸福在于财富。人一有钱，就会在社会上享有特殊的身份、崇高的地位，在许多不同的机构中担任要职。我从二十出头就开始疯狂地追求名望。在这些压力之下，很自然地患了身心官能症——严重的偏头痛。每两个星期发作一次，药石罔效。罹患此症也是我的福气（使我能接触到正法）。

缅甸最好的医生对我的病都束手无策，他们所能做的就只是在症状发作时给我注射吗啡止痛。每两个星期就得注射一次吗啡，然后就必须忍受其副作用：恶心、呕吐和心情苦闷。

像这样受苦了几年后，医生警告我说："现在你每次头痛发作都靠吗啡止痛，如果继续下去，你就会上瘾，到时你就非得每天注射吗啡不可。”那我这一生不就完了吗？想到这里令我震惊。医生劝我说：“你时常到国外旅行做生意，就为了你自己的健康出国一趟吧！我们无法医治你的病，我们知道国外的医生也一样，不过他们也许有新的止痛药，那你就不必再依赖吗啡了。”听了医生的忠告，我去了瑞士、德国、英国、美国以及日本，看了这些国家最好的医生，幸运的是他们都无法治好我的病。我只好回国，病情比出国前更严重。

求医不成，回国后，一个好心的朋友来看我，建议道：“为什么不试着去参加一期乌巴庆老师指导的十日内观课程呢？乌巴庆老师是一位圣人般的人物，他是政府官员，也跟你一样是有家室的人。照我看来，你的病是心理压力引起的。这种修行方法可以去除心理压力，或许你练习了这技巧后，可以治好自己的病。”到处求医都无效，我决定至少去见见这位教内观的老师，反正对我没有损失。

我到乌巴庆老师的内观中心，与这位不平凡的人交谈。内观中心宁静祥和的气氛，以及乌巴庆老师安详的举止，令我印象深刻。我说：“老师，我想来参加一期您的课程，您愿意收我这个学生吗？”

“当然，任何人都可以学这个修行方法，欢迎你来参加课程。”

我接着说：“好几年来我为严重的偏头痛所苦，却又无药可治。我希望学了这个方法之后，我的病可以不药而愈。”

“不！”他突然说道，“不要来找我。你不要参加课程。”

我不懂我做错什么得罪了他，但是接着他充满慈悲地解释说："正法不是用来医治身体上的病痛的。如果你追求的是治病，你最好去医院。正法的宗旨是为了治疗人生所有的苦痛，你的病事实上只是你人生苦痛的一小部分。在净化内心的过程中病痛会消失，但这只是副产品。如果你将副产品当做主要的目标，就贬低了正法的价值。不要为治病而来，要为内心的解脱而来!"

我被他说服了，我说："老师，我明白了，我将只为净化内心而来，不管我的病会不会好，我都要来体验在这里看到的安详。"向乌巴庆老师许下承诺后，我就回家了。

但是我还是一直拖延没去上课。出生在顽固、保守的印度教家庭，我从小就背诵这些句子："宁愿死时仍坚信自己的宗教、自己的法，绝不能改信别的宗教。"我对自己说："你看，这是别的宗教：佛教。这些人都是无神论者，他们不信神也不相信灵魂的存在。"（好像只要相信神或灵魂就可以解决我们所有的问题似的!）"如果我变成无神论者，我会有什么下场呢？不行，我宁可死时坚信自己的宗教，我绝不接近那些人。"

就这样我犹豫了好几个月，但幸好后来我决定试试这个方法，看看究竟会怎样。我去上课，而且坐完全程十天。很幸运地我受益良多，我了解了自己的"法"、自己的道路以及他人的"法"。全人类的"法"就是自己的"法"。只有人类有能力借观察自己而从痛苦中解脱，低等生物没有这种能力。观察自己内在的实相就是人类的"法"。如果我们不善用这种能力，那么就会过低等生物的生活，我们的人生就会浪费掉了，这当然是极危险的。

以前我一直认为自己是信仰虔诚的人。毕竟，我善尽所有宗教上应尽的义务，我谨守道德规范，慷慨捐款布施。更何况若我不是真正信仰虔诚，怎有可能成为许多宗教团体的领袖呢？我想我必定是信仰虔诚的信徒。但是无论我付出多少布施及服务，不管我怎样谨言、慎行，当我开始检视内心黑暗的角落，我发现其中充满了蛇蝎蜈蚣，这就是以前我必须承受这么多痛苦的原因了。现在，随着心中的不净慢慢祛除，我开始享有真正的安详。我体会到自己是何其幸运，能够学到如此殊胜的正法，正法之宝。

其后在缅甸的十四年中，我有幸亲近我的老师，在他的密切指导下继续练习内观。当然我仍负起一个在家人所应承担的世俗责任，同时，每天早晚我继续内观，每逢周末就到老师的中心去，并且每年都坐一期十日或更长的课程。

1969 年初，我必须去印度一趟。我的父母早在几年前就搬回印度，我母亲患了一种神经方面的病，我知道练习内观对这种病会有益处。但是当时印度没有人能够教她，因为内观法在其发源国失传已久，甚至连名称都已被遗忘了。感谢缅甸政府准我去印度，在当时一般缅甸国民都不许出国；也感谢印度政府让我入境。1969 年 7 月，我在孟买举办了第一期课程，学员包括我的父母亲以及另外十二位人士。我很高兴能够帮助自己的双亲，传授正法给父母使我能够回报双亲无量的恩德。

印度之行达到目标后，我准备回缅甸的家，但是参加过课程的人开始要求再开一期，一期接一期。他们希望他们的父母、夫妻、子女、朋友都可以来上课，所以就开了第二期、第三期、第四期，而“法”的教导就这样传播开了。

1971 年，我在菩提伽耶授课时，接到仰光来的电报，得知家师过世的消息。这消息仿若晴天霹雳，令人悲痛欲绝。然而，靠着老师传给我的法，我的心得以保持平稳祥和。

现在我得决定如何回报圣人般的萨亚吉·乌巴庆的师恩。父母生我为人，我仍是困于无明之茧中的人。直到我得到恩师之助，才得以破茧而出，观察自己的内在实相而发现真理。不仅如此，十四年来他不断使我在“法”中成长、茁壮。我要怎样才能回报这位“正法之父”呢？我所能做的就是遵照他所传授给我的方法来修行、过如法的生活，这才是向恩师致敬的正确方式。尽力培养出清净心、爱心与慈悲心，我立志奉献余生来服务众生，这也是恩师对我的期许。

他时常引述一则缅甸传统预言，说佛灭后两千五百年，“法”会传回其发源国印度，并由印度传遍全世界。到印度去传授内观法，使此预言实现，是他生前的愿望。“两千五百年过去了，”他说，“内观的钟声已经敲响了。”可惜他生前最后几年因缅甸的政治情况无法出国。1969 年当我获准到印度，他非常高兴地对我说：“葛印卡，其实不是你去，而是我去！”

起初我以为这预言不过是派别信仰。毕竟，为什么某件不寻常的事非得等两千五百年才会发生，而不能早一点发生？但当我到了印度，惊讶地发现，在这领土辽阔的国家，虽然我认识不到一百人，但数以千计不同背景、不同宗教信仰、不同种族的人，开始来参加课程。除了印度人之外，还有成千个来自不同国家的人。

我清楚地了解有果必有因。会来参加课程的人，必定有其因缘。有些人可能在过去种了善因，所以现在有机会接受“法”的种子；另一些人以前已接受了种子，现在来此地培育它，使它成长。不论你是来取种子或来培育你已有的种子，为了你自身的好处、自身的利益、自身的解脱，请继续在“法”中成长，你会发现你也会裨益他人。“法”对所有的人都有益处。

愿各地受苦的人，都能找到这宁静之道，愿所有的人都能从苦恼、桎梏、束缚中解脱，愿所有的人都净化内心、祛除不净烦恼。

愿宇宙所有的众生快乐。

愿一切众生享有安详。

愿一切众生都得解脱。

“正法不是用来医治身体上的病痛的。如果你追求的是治病，你最好去医院。正法的宗旨是为了治疗人生所有的苦痛，你的病事实上只是你人生苦痛的一小部分。在净化内心的过程中病痛会消失，但这只是副产品。如果你将副产品当做主要的目标，就贬低了正法的价值。不要为治病而来，要为内心的解脱而来！”

Appendix

附　　录

执著那些短暂存在的事物是没有意义的。这种对无常的实际体验，会自然地激发我们生起不执著的心理。这种不执著的心理，不但能防止我们产生新的贪爱及憎恶，也可以消灭我们对爱、憎的惯性反应，这时候我们的心才能渐渐地从苦中解脱。

佛法中“感受”的重要性

佛陀的教导是一个体系完整的教学，借着开展对自己的了解而净化自己。体会到自己的实相，便能消弭因不当的理解而引发的错误行为及不快，让我们依循实相来行事，过着丰饶、积极而快乐的生活。

佛陀在《念住经》中，指出一种透过观察自身，培养出了解自己的实践方法，这就是内观法。

观察自己的实相，立刻会发现：我们平时提到的“自己”有身心两个层面，我们必须学习从生理、心理（身和心）两个层面来观察。但要如何确实地体验到身和心的实相呢？接受别人的解说或理智的知识是不够的，这些或许可以在我们进行“自我探索”时作为参考，但是实际地进行内在的探索及体验自身的实相还是必须靠自己。

我们依赖感觉来体验身体的实相，也就是以产生在身体上的感受来感觉身体的存在。尽管闭上双眼，我们仍知道有手，以及身体其他部分的存在，因为我们能感觉到它们。就像一本书，有外在的形式和内在的内容一样，我们身体结构也有外在身体的客观实相，以及内在感受的主观实相。我们研读书中所有的文字以了解内容，同样的，我们透过感受来感觉身体。如果没有觉知到感受的存在，那就无从了解身体的结构，这两者是不可分的。

同样的，心理结构也可分为形式和内容两部分——心（citta）和法。此处的法，是指任何心上所产生的念头、情绪、记忆、希望、恐惧等心理内涵。就如身体和感受实际是无法分割的一样，离开了法（心的内涵），也就无法观察心；心和法是紧紧相连，彼此互相影响的。在佛陀的教导中，这一关键性的发现极具意义。佛陀说：

> 心上只要有任何念头生起，必定就有感受伴随而生。（注一）

因此，观察感受其实是了解个人身心整体的最佳方法。

我们可以从下列四个方面去了解每一个人：生理方面的身体和感受，心理方面的心和法（心的内涵）。这四个方面既是《念住经》的四大部分，也是观察个人现象的四项有利切入点。要完整地探索，每一个面向都必须实地体验，而每一个面向都可以借着观察感受来体验。

因此，佛陀特别强调觉知“感受”的重要性。佛陀在对弟子最重要的开示之一（《婆罗门加罗经》）中，说：

> 借着如实地观察感受的生起和灭去，
> 借着如实地观察感受的滋味，
> 借着如实地观察感受所含藏的危机，
> 借着如实地观察从感受中脱离，觉者获得自在和解

脱。(注二)

佛陀强调，想体悟四圣谛，觉知感受是先决条件。他说：

> 对那些体验到感受的人，我告诉他们：什么是苦，什么是苦的起源（苦集），什么是苦的止息（苦灭），以及止息苦的方法（苦灭道）。(注三)

感受到底是什么？佛陀用了许多方法来描述它，并把感受纳入构成心识的四种历程之中（请参阅第二章）。但是，在精确一点的定义中，佛陀说，感受包含心和身两个层面。(注四）只有身没有心，无法觉知到任何东西，例如死亡的躯体就不会有感受存在。能感觉的是心，但所感觉到的东西具有不可摆脱的身体成分。

这个身体成分在我们修习佛法时扮演核心的角色。我们修习佛法，目的是要开发我们的能力，去面对生活上的各种变迁，而仍能保持平衡稳定。所以我们得先练习，在内观时保持平等的心，去观察我们身上发生的任何现象。保持如此平等的心，我们便得以去除因习性所造成的盲目反应，而能于每一个情境中做出最好的正面行动。

我们对生活的体验乃透过六个根门（眼、耳、鼻、舌、身、意）而来，其中五个是身体的感官，一个是心识。从缘起法来看，六根只要有任何一根与外境接触，接触到物或心的任何现象，便会在身上产生感受（请参见第四章）。如果我们没有注意到身上发生什么，我们在意识层面就不会察觉到感受的存在。在这种无明、无知的情况下，下意识便会对感受生起刹那刹那的喜欢或厌恶的反应，这种习性反应会增长成贪爱及嗔恨。在意识察觉以前，习性反应已经不断重复增强过无数次。因此，如果禅修者只在意识的层面留意，他们只能在习性反应已生起并酝酿强大危险的力量之后才察觉到，那时，足以吞没禅修者。他们已放任感受的火花变成大火，然后才要扑灭它，这实在是无谓地自找苦吃。而如果他们学会把注意力放在身体上，客观地观察身体内的感受，火花就会自行烧光，不致酿成大火。禅修者经由注重身体的层面，就能在感受生起的瞬间觉知到，而不会产生任何习性反应。

身体层面的感受实在是非常重要，因为它让我们在自己体内体验到当下可以触及的无常实相。我们的内在，刹那刹那都在改变，以感受这出戏来显示无常。在身体这层面，必须体验无常，观照到感受的不断变化，我们便能领略到自己无常的本质。这样的领略让我们明白：执著那些短暂存在的事物是没有意义的。这种对无常的实际体验，会自然地激发我们生起不执著的心理。这种不执著的心理，不但能防止我们产生新的贪爱及憎恶，也可以消灭我们对爱、憎的惯性反应，这时候我们的心才能渐渐地从苦中解脱。除非包含整个身体这个范围，否则，受蕴便仍是片面而不完整的。因此佛陀常常强调，从身体的感受去体验无常的重要性。他指出：

持续努力、保持对身体觉知的人，戒除不好的行为，并做该做的事，有觉知力并有彻底的了知，就能从烦恼中解脱。（注五）

苦的原因是贪爱和嗔恨。一般认为，爱憎是来自于我们身心对各种对象所产生的反应。但是，佛陀却发现，介于对象和习性反应之间，有个失落的环节，那就是感受。我们是对内在的感受做习性反应，而不是对外在的事物做反应。当我们学会客观地观察感受而不带贪心或嗔心的习性反应时，不但不造作苦因，反而还会止息苦。因此，观察感受是实践佛陀教导的精髓所在。而要觉知全面的受蕴，必须观察身体的感受。对身体感受的觉知，能使我们深入问题的根源并拔除痛苦的根源。观察到我们自己身心的深处，才可能从痛苦中解脱。

了解觉知感受在佛陀教导中的重要性后，我们就能从《念住经》得到新的洞见。（注六）经文首先叙述念住的目的在于：

使众生清净、克服愁叹、灭除苦忧、实践真理、体证涅槃。（注七）

叙述念住的目的后，接着便简要地告诉我们，如何去达到这些目标：

> 禅修者，要精勤、觉知、时时彻知无常，就身体观察身体，就感受观察感受，就心观察心，就诸法观察诸法，祛除对身心世界的贪嗔。（注八）

“就身体观察身体，就感受观察感受”等等这些到底是什么意思？对一个修习内观的人而言，其中意旨就像黑暗中的火花一样清楚明显。身体、感受、心以及心的内容（诸法）是人所包含的四大部分，要正确地了解人的这些现象，我们必须直接去体会自己的实相。为了获致直接的体验，内观者必须发展两种能力：觉知（sati）和时时彻知无常（sampajañña）。这部经名为“念住”，但如果没有深入自己的洞见，只有“觉知”是不够的，须得洞见到我们所谓“我”的无常现象。修习“念住”能使内观者领会自己短暂的本质。有了这种亲身的体验时，就能确实建立“念住”，建立那种能引致解脱的“正念”。到那时，贪、嗔自然消解，不只是对外在世界的贪、嗔消解，连内在世界最难消解的贪、嗔也会消解。内在世界的贪、嗔常是深藏心底，而且经常被疏忽，是不假思索、心腹相连地执著我们自己的身心。只要这种深藏的执著还存在，我们就难以从痛苦中解脱。

《念住经》首先教导的就是如何观察身体。身体是身心结构中最明显清楚的层面，也是最适合进行自我观察的起始点。从身体开始观察，然后感受的观察、心的观察、法的观察便都能次第开展。这部经里教导好几种开始观察身体的方法，第一个也是最常用的就是对呼吸的觉知，其次就是注意身体的一举一动。不论从何处下手，都有必定的程序，每位内观者都要经过这些程序才能达到最后的目标。下列所录，是这部经里十分重要的章节：

> 禅修者于是就身体内部观察身体，就身体外部观察身体，同时就身体内部、外部观察身体。因此，他观察身体当中不断生起的现象，他观察身体当中不断灭去的现象，他同时观察身体当中不断生起、灭去的现象。于是他清楚觉知：这是身体！修成了只有了知和觉照的境界，超越执著，不再贪着身心世界的任何事物。（注九）

这段文句十分重要，它出现在探讨身念住的每一段落结尾，接下来讨论受念住、心念住、法念住的章节中也都出现这些文句（在那三个章节中，“身”就分别改换成“受”或“心”或“法”）。这个章节描述了念住最基础的修法，但因表达上的困难，因此有很多种不同的解说。但如果我们了解，这章节谈的是觉知感受，了解起来就没有那么困难了。修习念住，内观者必须洞察到自己的本质。深入洞察的方法就是观察感受，包括观察身、心、法其他三种身心现象。因此，下手处或许会有所不同，但修习到某个程度后，必然都会进入有关受念住的修行。

因此，经文说，内观者可以分别从身体的表层开始，或内外两者一起观察。也就是说，先从身体某部位观察感受，再渐进地培养出对全身感觉到感受的能力。当开始修习内观时，或许会感觉到明显而强烈的感受，并且似乎这感受还会保持一段时间。内观者会觉知到感受生起，经过一段时间然后灭去。此阶段，他们体验到的是身心上粗重明显的感受，整体似乎有坚固、持久的性质。但继续修习到某种阶段，那坚固的性质自然消失，身心只感觉是一团振动，瞬间生起、瞬间灭去。有了这种体验后，内观者就会明白身体、感受、心和法其实只是一连串没有自性、不断变化的现象罢了。

具备了这样对身、心究竟实相的直接体悟，便能够粉碎我们原有的幻觉、设想和错误的见解。原先只是建立在信念或推论上的正确观念，当有了这些体验时，便呈现新的意味。逐渐借着对内在实相的观察，到最后，所有扭曲认知的习性都将去除，只有清净的觉知和智慧留存下来。

当无知消除，潜伏在深层的爱憎习性也将连根拔起，内观者便能从所有缠缚中解脱——包括对自己内在身心世界的最深执著。当这种执著消除，一切痛苦就消失，个人从此解脱。

佛陀常说：

无论什么被感觉到的都是和苦相连。(注十)

因此感受是体验苦的真相的理想工具。不愉悦的感受当然是苦，但是我们只想拥有愉悦的感受也是一种十分微细的苦扰形式。任何感受都是无常的，如果我们只想拥有愉悦的感受，当愉悦消失后，就只会留下苦。因此，每一个感受都包含着一颗悲苦的种子。所以，当佛陀指点我们息苦之路时，他特别指出感受的生起之路和灭去之路（注十一）。人只要停留在身心世界的范畴，受和苦便会持续。唯有超越这个身心世界，去体悟涅槃的究竟实相，受和苦才能止息。

佛陀说：

> 有些人不能过着如法的生活，因为他谈得太多。
>
> 有些人虽只略闻正法，从自己的身体去体验自然法则，这样，他就能过着如法的生活，永远不会忘记正法。（注十二）

我们的身体是真理的见证。当内观者在身内发现真理时，真理是如此真实，自然会过着如法的生活。人人都可借着学习观察我们内在的感受而体会到这个真理，我们也因为如此而从痛苦中解脱。

佛经中有关“感受”的章节

佛陀在许多教导中经常提示，觉知感受是非常重要的。此处酌选少许与此相关的经句：

一、空中有许多不同的风吹拂着，东风、西风、南风、北风，尘埃风、无尘风、寒风和暖风，猛烈狂风、和煦微风——许多不同的风吹着。同样的，身体也有许多感受生起：愉悦的、不愉悦的、不是愉悦也不是不愉悦的。当禅修者专注练习时，不疏忽过程里的每一个感受，如此就能体验到所有的感受。全然地领略这些感受后，这一生便能从所有不净中解脱。这人建立了法的知见并且完全了知感受，当生命终结时，便能超越有为世间，达到一种无法言诠的境地。

——S. XXXVI（II）. ii. 12（2），*Pathama Ākāsa Sutta*

二、禅修者如何就身体观察身体？他到森林中，或到树下，或到偏僻无人之处，盘腿而坐，端正身体，把注意力放在嘴巴周围的区域，保持觉知，觉知呼吸时气息的出入情况。

入息长时，他清楚了知：“我入息长。”

出息长时，他清楚了知：“我出息长。”

入息短时，他清楚了知：“我入息短。”

出息短时，他清楚了知："我出息短。"

他如此训练自己："我当感受全身，而入息。"

他如此训练自己："我当感受全身，而出息。"

他如此训练自己："我当寂止身体的行动，而入息。"

他如此训练自己："我当寂止身体的行动，而出息。"

——D. 22/M. 10, *Satipatthāna Sutta*, *Ānāpāna-pabbam*

三、当苦受、乐受、舍受出现时，禅修者了知："苦受、乐受、舍受已出现。感受生起必有依处，它不会无依生起。何处是依处？它生起的地方就是这身体。"

于是禅修者持续观察这个身体内所生感受的无常本质。

——S. XXXVI（II）. i. 7, *Pathama Gelañña Sutta*

四、禅修者了知："在我身上现在生起的苦、乐、舍的体验，都是有为、粗的性质、缘起。但是，真正存在的、最好的是平等心。"

不论是苦受、乐受或是舍受，都会灭去，只有平等心常在。

——M. 152, *Indriya Bhāvanā Sutta*

五、感受有三种：苦受、乐受、舍受。这三者都是有为、缘起，终将衰败、衰微、衰弱以至消逝。洞察此实相，圣道的行者便会对苦、乐、舍受保持平等。培养出平等心，便能离执著；离执著的心培养出来后，便能获致解脱。

——M. 74, *Dīghanakha Sutta*

六、禅修者观察到身体上乐受是无常的，是会衰败、衰微、消逝的。同时，他也观察到自己原本对于乐受的执著也在松脱，如此一来，他贪爱于身体乐受的潜在习性便能灭除；如果他也观察到自己原对于苦受的执著也在松脱，则他嗔恨于身体苦受的潜在习性便能灭除；如果他也观察到自己原本对于舍受的执著也在松脱，则他无知于身体舍受的潜在习性便能灭除。

——S. XXXVI（II）. i. 7，*Pathama Gelañña Sutta*

七、当禅修者彻底灭除对乐受的贪爱、对苦受的嗔恨、对舍受的无明的潜在习性，便被称作已全从习性解脱者、已见谛者、已除贪嗔者、已除缠缚者、已全然领略自我的虚妄本质者、已终结苦者。

——S. XXXVI（II）. i. 3，*Pahāna Sutta*

八、如实的实相见成为他的正见，如实的实相思维成为他的正思维，精进于如实的实相成为他的正精进，觉知于如实的实相成为他的正念，专注于如实的实相成为他的正定。他的言语、行为以及生活都臻于纯净。这样，八圣道的体现便臻于圆满。

——M. 149，*Mahā-Salāyatanika Sutta*

九、正道的虔信者精进努力，经由持续精进而能全神贯注；经常全神贯注，于是定力增强；定力增强便能开展正思维，进而开展正信，深心明了“以前我对圣谛仅是耳闻，现在我直接在身上体验到，我以洞见观察到它们”。

——SXLVIII（IV）. v. 10（50），*Āpana Sutta*（佛陀的大弟子舍利弗所说）

重要巴利文词汇一览表

下列为本书中出现的重要巴利文佛法名词（“〔〕”内为唐译）：

巴利文	中　　文
ānāpāna	〔入出息〕。呼吸。Ānāpāna-sati〔入出息念〕觉知呼吸。观息法。
anattā	〔无我〕。与无常、苦合为现象的三项基本特性。
anicca	〔无常〕。与无我、苦合为现象的三项基本特性。
anusaya	〔随眠〕。潜藏内心的不净烦恼。anusaya-kilesa〔随眠烦恼〕
arahant	〔阿罗汉〕。（梵文为 arahat）已祛除内心所有不净的人。
ariya	〔圣者〕。内心净化至已体验涅槃者。
ariya aṭṭhaṅgika magga	〔八圣道〕归并成三学（三种训练）： 1. sīla〔戒〕。道德。身体行为以及言语行为的净化。 sammā-vācā〔正语〕正确的言语 sammā-kammanta〔正业〕正确的行为 sammā-ājīva〔正命〕正当的职业 2. samādhi〔定〕。专注，心的控制、心的自主。 sammā-vāyāma〔正精进〕正确的努力 sammā-sati〔正念〕正确的觉知 sammā-samādhi〔正定〕正确的专注 3. paññā〔慧、般若〕。智慧。净化内心的一种洞见。 sammā-saṅkappa〔正思维〕正确的思维 sammā-diṭṭhi〔正见〕正确的知见

巴利文	中　　文
ariya sacca	〔圣谛〕。四圣谛是： 1. 〔苦谛〕苦的真理 2. 〔集谛〕苦产生的原因 3. 〔灭谛〕苦的止息 4. 〔道谛〕止息苦的途径。
bhaṅga	消融。内观法的一项重要历程。体验到整个身体上粗重的感受消融成微细的振动，持续地生起、灭去。
bhāvanā	〔修〕。禅修。分两部分： 1. samatha-bhāvanā〔修奢摩他〕、〔修止〕。可以得定（samādhi） 2. vipassanā-bhāvanā〔修毗婆奢那〕、〔修观〕。可以得慧（paññā）
bhāvanā-mayā-paññā	〔修慧、修所成慧〕。经由体验所得到的智慧。
bhikkhu	〔苾刍、比丘〕。女性称比丘尼（bhikkhuṇī）。
Buddha	〔佛〕。觉者，发现解脱之道、实践解脱之道。并经由自己的努力达到最高目标的人。
cintā-mayā-paññā	〔思慧、思所成慧〕。由思维得来的智慧。
citta	〔心〕。cittānupassanā〔观心〕。
dhamma	〔法〕。（梵文为 dharma）现象，心的对象。法则、自然的法则。解脱的法则（正法），此即觉者的教导。dhammānupassanā〔观法〕：观察心中所呈现的现象。
dukkha	〔苦〕。与无常、无我合为现象的三项基本特性。
Gotama	〔瞿昙〕。（梵文为 Gautama）乔达摩，佛陀家族的姓。

巴利文	中 文
Hīnayāna	〔小乘〕。后期大乘佛教对原始佛法的泛称。
jhāna	〔静虑〕〔禅那〕。修习奢摩他，有八阶的禅那状态。修习成功，可获致安宁与喜悦，但无法根除内心深处的不净烦恼。
kalāpa	〔极微〕。亚原子粒子，事物最小无法分割的最小单位。
kamma	〔业〕。（梵文为 karma）行为，特指日后将产生果报的行为。
kāya	〔身〕。kāyānupassanā〔观身〕。
Mahāyāna	〔大乘〕。佛灭后五百年兴起的佛教，流传于蒙古国、中国、越南、韩国、日本。
mettā	〔慈〕。慈爱，无私的爱和善念，纯净心的特性之一。mettā bhāvanā〔慈心观〕，有系统地培养慈悲的一种方法。
nibbāna	〔涅槃〕。（梵文为 nirvāṇa）从苦解脱。苦的止息。
Pāli	巴利文。记载佛陀教导的文字，此后成为这种文体的语言。史学、语言学、考古学的研究显示，巴利语是佛陀当时北印度使用的一种语言。后来，佛经也翻成梵文通行于北印。
paññā	〔慧、般若〕。智慧。三学的第三项。智慧有三种： 1.〔闻慧〕suta-mayā paññā——听闻而来的智慧，是经由接受得来的智慧。 2.〔思慧〕cintā-mayā paññā——理智分析得来的智慧。 3.〔修慧〕bhāvanā-mayā paññā——从个人直接体验的智慧。 这三者，唯有第三种“修慧”才能完全净化内心。修慧是从修习内观（毗婆舍那）的训练而来的。

巴利文	中 文
paṭiccā-samuppāda	〔缘起〕。因果链。由于无明，因此而有流转不停的生死历程。
samādhi	〔定〕。三学的第二项。定学的极致，可以达到禅那（jhāna），但仍无法完全解脱内心烦恼。
sammā-sati	〔正念〕
sampajañña	〔正知〕。时时彻知无常。对整个身心现象，在感受的层次上，洞见无常的本质。
saṃsāra	〔生死〕〔轮回〕。
saṅgha	〔僧〕。比丘僧、比丘尼僧，是佛法中的出家众。圣僧，指体证涅槃的僧众。
saṅkhāra	〔行蕴〕。指心理方面的习性反应。与受蕴、想蕴、识蕴合为心法四蕴。
saṅkhāra-upekkhā/saṅkhā-rupekkhā	〔行舍〕。行舍是对感受保持平等心以祛除旧的行蕴，为内观之一境界，是“消融”后之体验。 原本潜藏于潜意识的旧有烦恼，在消融后仍会浮现到意识表层，并显为身体的感受，对这些感受保持平等心，内观者便不会再造作新的行蕴，而旧的行蕴便得以根除。如此修习，渐能将所有旧的习性反应根除掉。
saññā	〔想蕴〕。判别、辨别。与受蕴、行蕴、识蕴合为心法四蕴。想蕴通常受到个人过去行蕴制约，因此会扭曲事实而做出错误的判别。在修习内观时，想蕴转化成智慧，对实相如实地了知，经由观照无常、苦、无我，以祛除对事物的错觉。

巴利文	中 文
sati	〔念〕。觉知。ānāpāna-sati——觉知呼吸，sammā-sati——正念，八圣道之一。
satipaṭṭ-hāna	〔念住〕。觉知的建立。念住有四个相互关联密切的部分： 1. 身念住 kāyānupassanā 2. 受念住 vedanānupassanā 3. 心念住 cittānupassanā 4. 法念住 dhammānupassanā。四者都包含感受的观念，因为感受直接与身心相关联。
Siddhattha	〔悉达多〕。释尊的名字，意指完成工作的人（义成）（梵文为 Siddhārtha）
sīla	〔戒〕。道德规范，戒除身、语方面伤害他人的行为，三学的第一项。
suta-mayā paññā	〔闻慧、闻所成慧〕。
sutta	〔经〕。佛陀或其大弟子所指导的教示。（梵文为 sūtra）
taṇhā	〔爱〕。依字面意思是渴爱，包括贪爱以及与贪爱相反的嗔恨。佛陀在其首次开示《转法轮经》（*Dhamma-cakkappavattana Sutta*）即明确指出：爱为苦本。佛陀指出，在因缘流转中，渴爱是由感受生起的。
Tathāgata	〔如来〕。修道者达到终极实相。特指觉悟的人，通常指佛陀他自己。
Theravāda	〔上座部〕。上座系统的佛法，意指长者的教导。佛陀的教导，经由此系统流传保存于南亚地区（缅甸、斯里兰卡、泰国、老挝、柬埔寨）。一般认为这是最久远的佛法。

巴利文	中　　文
Tipiṭaka	〔三藏〕。（梵文为 Tripiṭaka）佛法的三大部类： 1. 经藏（Sutta-piṭaka）：开示的汇集。 2. 律藏（Vinaya-piṭaka）：寺院规范的汇集。 3. 论藏（Abhidhamma-piṭaka）：高级教学，特指有关佛法哲学论题的系统论集。
vedanā	〔受蕴〕。感受；与想蕴、行蕴、识蕴合为心法四蕴。佛陀指出受蕴同时兼含身、心两范畴，因此受蕴提供一种管道去检视身心整体。佛陀指出，在缘起流转中，爱为苦本，受为爱本。学习客观地去观照受蕴，便能避免引生新的爱、恶，并且能直接体验自己内在无常的本质。这种体验对培养放下执著的能力是非常重要的，能获致心的解脱。vedanānupassanā——受念住——观照身体的感受。
viññāṇa	〔识蕴〕。认知；与受蕴、想蕴、行蕴合为心法四蕴。
vipassanā	〔观〕内观。能完全净化内心的向内观察，特别指观察到身心无常本质。vipassanā-bhāvanā——修习内观——经由观察自己身心实际的感受，有步骤地培养智慧达到解脱的能力。
yathā-bhūta	〔如实〕。
yathā-bhūta-ñānadassana	〔如实智〕。

各章附注

以下经文的编号，是依据“巴利经典学会”所出版的巴利经文英译本的编号。

A 代表《增部》（*Aṅguttara Nikāya*）

D 代表《长部》（*Dīgha Nikāya*）

M 代表《中部》（*Majjhima Nikāya*）

S 代表《相应部》（*Saṃyutta Nikāya*）

Satip 代表《念住经》（*Satipaṭṭhāna Sutta*，D. 22, M. 10）

第一章

注一、S. XLIV. x. 2, *Anurādha Sutta.*

注二、A. III. vii. 65, *Kesamutti Sutta*(*Kālāma Sutta*), iii, ix.

注三、D. 16, *Mahā-Parinibbāna Suttanta.*

注四、D. 16, *Mahā-Parinibbāna Suttanta.*

注五、S. XXII. 87(5), *Vakkali Sutta.*

注六、*Mahā-Parinibbāna Suttanta.*

注七、A. IV. v. 5(45), *Rohitassa Sutta.* 又见 S. II. iii. 6.

注八、*Dhammapada*, I. 19 和 20.

注九、依据 M. 107, *Ganaka-Mogallāna Sutta.*

第二章

注一、佛法中，saṅkhāra 是最重要的概念，意义甚难表示明白。此字有多种意义。此处 saṅkhāra 视为相同于 cetanā/sañcetanā，是意愿、意志、意向的意思。其解说是 A. IV. xviii. 1（171），*Cetanā Sutta*；S. XXII. 57（5），*Sattatthāna Sutta*；S. XII. iv. 38（8），*Cetanā Sutta*.

注二、M. 72，*Aggi-Vacchagotta Sutta*.

第三章

注一、M. 135，*Cūḷa Kamma Vibhaṅga Sutta*.

注二、*Dhammapada*，XXV. 21（380）.

注三、*Dhammapada*，I. 1 和 2.

注四、*Sutta Nipāta*，III. 12，*Dvayatānupassanā Sutta*.

注五、S. LVI（XII）. ii. 1，*Dhamma-cakkappavattana Sutta*.

注六、A. III. xiii. 130，*Lekha Sutta*.

注七、依据 A. I. xvii，*Eka Dhamma Pāli*（2）.

第四章

注一、S. LVI（XII）. ii. 1，*Dhamma-cakkappavattana Sutta*.

注二、S. LVI（XII）. ii，1，*Dhamma-cakkappavattana Sutta*.

注三、M. 38，*Mahā-taṇhāsankhaya Sutta*.

注四、M. 38，*Mahā-taṇhāsankhaya Sutta*.

注五、M. 38，*Mahā-taṇhāsankhaya Sutta*.

注六、*Dhammapada*，XII. 9（165）.

注七、D. 9，*Poṭṭhapāda Suttanta*.

注八、A. III. vii. 65，*Kesamutti Sutta*（*Kālāma Sutta*），xvi.

注九、依据 S. XLII. viii. 6, *Asibandhakaputta Sutta*.

第五章

注一、*Dhammapada*, XIV. 5(183).

注二、*Dhammapada*, 1. 17 和 18.

注三、M. 27, *Cūḷa-hatthi-padopama Sutta*.

注四、M. 27, *Cūḷa-hatthi-padopama Sutta*.

第六章

注一、A. IV. ii. 3(13), *Padhāna Sutta*.

第七章

注一、*Dhammapada*, XXIV. 5(338).

注二、D. 16, *Mahā-Parinibbāna Suttanta*.

注三、*Dhammapada*. XX. 4(276).

注四、见 S. XLVI(II). vi. 2, *Pariyāya Sutta*.

注五、S. XII. vii. 62(2), *Dutiya Assutavā Sutta*; 又见 S. XXXVI(II). i. 10, *Phassa Mūlaka Sutta*.

注六、Dhammapada, XX. 5(277).

注七、S. XXXVI(II). i. 7, *Pathama Gelañña Sutta*。

第八章

注一、D. 16, *Mahā-Parinibbāna Suttanta*. 此颂是佛入灭后，萨卡天王所说。不同经上所记，略有不同。参见 S. I. ii. 1, *Nandana Sutta*; 又见 S. IX. 6, *Anuruddha Sutta*.

注二、A. IX. ii. 10(20), *Velāma Sutta*.

注三、此有名的筏喻见 M. 22, *Alagaddūpama Sutta*.

注四、依据 *Udāna*, I. x, 为 Bāhiya Dārucīriya. 的故事。并见 *Dhammapada Commentary*, VIII. 2(101 颂)。

第九章

注一、S. LVI(XII) ii. 1, *Dhamma-cakkappavattana Sutta.* 此句是最早的弟子们体证正法时,用于描写洞见的智慧。

注二、S. v. 7, *Upacālā Sutta.* 说者是证得阿罗汉的 Upacālā 比丘尼。

注三、*Dhammapada*, XXV. 15(374)

注四、*Udāna*, VIII. 1.

注五、*Udāna*, VIII. 3.

注六、S. LVI(XII). ii. 1, *Dhamma-cakkappavattana Sutta.*

注七、S. XXXVIII(IV). 1, *Nibbāna Pañhā Sutta.* (说者是佛陀的大弟子舍利弗。)

注八、*Sutta Nipāta*, II. 4, *Mahā-Maṅgala Sutta.*

注九、D. 9, *Poṭṭhapāda Suttanta.*

第十章

注一、*Dhammapada*, VIII. 14(13).

注二、S. XXII. 102(10), *Anicca-saññā Sutta.*

注三、D. 16. *Mahā-Parinibbāna Suttanta.*

注四、M. 117, *Mahā-cattārīsaka Sutta.*

注五、M. 117, *Mahā-cattārīsaka Sutta.*

附录

注一、A. VIII. ix. 3(83), *Mūlaka Sutta.* 又见 A. IX. ii. 4

(14), *Samiddhi Sutta.*

注二、D. 1,

注三、A. III. vii. 61(ix), *Titthāyatana Sutta.*

注四、S. XXXVI(II). iii. 22(2), *Aṭṭhasata Sutta.*

注五、*Dhammapada*, XXl. 4(293).

注六、《念住经》正经藏中出现两次,一在 D. 22,一在 M. 10。在 D. 中,讨论"法念住"比 M. 长。因此,D. 22 被称为《大念住经》。此二经文内容相同。此处所引用的文句在二经相同。

注七、Satip.

注八、Satip.

注九、Satip.

注十、S. XII. iv. 32(2), *Kalāra Sutta.*

注十一、S. XXXVI(II). iii. 23(3), *Aññatara Bhikkhu Sutta.*

注十二、*Dhammapada*, XIX. 4(259).

全球各地内观中心

Vipassana Meditation Centers

从1969年葛印卡老师在印度推展内观课程以来，世界各地相继成立内观中心，所开办课程有少年初阶课程、十日内观课程、三日旧生复习课程、十日监狱课程、进阶课程（四念住、二十日、三十日、四十五日）。所有课程都免费，欢迎各界人士参加。

以下是目前在印度以及其他国家一些重要的内观中心（由葛印卡老师与助理老师指导）。如果需要任何关于课程的信息，可径向各中心询问。

ASIA（亚洲）

INDIA（印度）

Maharashtra

Vipassana International Academy
Dhamma Giri & Dhamma Tapovana
P. O. Box 6, Igatpuri, 422 403, Dist. Nashik, Maharashtra
Tel：[91](02553) 244076, 244086
Fax：[91](02553) 244176
Email：info@ giri. dhamma. org
Website：www. vri. dhamma. org

Gujarat

Kutch Vipassana Centre
Dhamma Sindhu
Village-Bada, Tal. Mandvi, Dist. Kutch 370 475, Gujarat
Tel：[91](02834) 273 612 (off), 273 304 (AT res.)
Fax：[91](02834) 220 118, 220 497
Email：info@ sindhu. dhamma. org

Northern India（北印度）

Rajasthan Vipassana Centre
Dhamma Thali
Via Sisoduya Rani Baug, Through Galtaji Road, Jaipur 302 001, Rajasthan
Tel：[91](0141) 268 0220, 268 0311

Fax: [91](0141) 257 6283
Email: info@ thali. dhamma. org

Delhi Vipassana Centre

Dhamma Sota

[Village Raheka (District Gurgaon), Ballabgarh-Sohna Road, 12 kms from Sohna (about 50 kms from Connaught Place, New Delhi) Haryana]
Tel: [91] (0124) 226 0066, 226 0077
Email: info@ sota. dhamma. org
Website: www. dhammasota. org

Kammaspur Vipassana Centre

Dhamma Patthana

Village Kammaspur, National Highway 1 Sonepat, Haryana 131 001
Tel: [91] 1303204231
Fax: [91](011) 2647 - 0658
Mobile: [91] 9354804415
Email: info@ patthana. dhamma. org
Website: www. patthana. dhamma. org

Dehradun Vipassana Centre

Dhamma Salila

Village Jantanwala, near Dehradun Cantonment, near Santala Devi Mandir, Dehradun 248001, Uttaranchal
Tel: [91] (0135) 210 4555, 271 5189
Email: info@ salila. dhamma. org

Himachal Vipassana Kendra

Dhamma Sikhara

MacLeod Ganj, Dharamasala 176 219, Dist. Kangra, Himachal Pradesh, India
Tel: [91](01892) 221309
Fax: [91](01892) 221309 (6 pm. to 9 am.)
Email: info@ sikhara. dhamma. org
Website: www. sikhara. dhamma. org

Bodh Gaya International Meditation Centre,

Dhamma Bodhi

Gaya-Dhoba Road (15 km.), near Magadh University, Gaya, Bihar 824 234, India
Tel: [91](631)220 - 0437
Mobile: [91]9431224948
Fax: [91](522)235 - 1090
Email: info@ bodhi. dhamma. org
Website: www. bodhi. dhamma. org

Southern India(南印度)

Vipassana International Meditation Centre

Dhamma Khetta

12. 6 km Nagarjun Sagar Road, Kusum Nagar, Vanasthali Puram, Hyderabad 500 070, Andhra Pradesh.
Tel: [91](040) 2424 0290 (off), 2473 2569 (city off)
Fax: [91](040) 2461 3941
Email: info@ khetta. dhamma. org
Website: www. khetta. dhamma. org

Vipassana Meditation Centre

Dhamma Setu

533 Pazhan Thandalam Road, Thiruneermalai Via, Thirumudivakkam Chennai, Tamil Nadu 600 044
Tel: [91](44)24783311, 24780953
Email: info@ setu. dhamma. org
Website: www. setu. dhamma. org

Cambodia(柬埔寨)

Battambang Vipassana Centre

Dhamma Latthika
Phnom Penh Office
Chhoan Phieu, 126 E. Street Vihea Cham, Sangkat Chroy Chongva,
Khan Russei Keo
Tel/Fax: [855] 012 870 766, 012 918 626
Email: info@ latthika. dhamma. org

Hong Kong(中国香港)
HKVMC Lot 7A, Section 3
Ngai Yuen New Village
Hang Tau, Sheung Shui, N. T.
Box 5185, GPO, Hong Kong
Tel: [852] 2671 7031
Fax: [852] 8147 3312
Email: info@ hk. dhamma. org
Website: www. hk. dhamma. org

Indonesia(印度尼西亚)

Vipassana Meditation Centre
Dhamma Java
IVMF (Indonesia Vipassana Meditation Foundation), Tanjung Duren Barat I No. 27A Lt IV, Jakarta.
Tel:[62](021)7066 - 3290
Fax: [62](021)4585 - 7618
Centre Address:
Jl. H. Achmad No. 99; Kampung Bojong, Gunung Geulis, Kecamatan Sukaraja, Cisarua-Bogor, Indonesia.
Tel: [62](0251) 271 008
Email: info@ java. dhamma. org
Website: www. indonesian. dhamma. org

Japan(日本)

Japan Vipassana Centre
Dhamma Bhanu
Iwakamioku, Hatta, Mizuho-cho, Funai-gun, Kyoto 622 - 0324.
Tel/Fax: [81](0771) 860 765.
Email: info@ bhanu. dhamma. org
Website: www. bhanu. dhamma. org

Korea(韩国)

Korean Dhamma Association
Dhammakorea, Dabo Center,
392 - 10 Samsongri, Cheongcheon, Kwoisan, Chungbuk, South Korea, 367 - 847.
Tel: [82](43) 833 7789.
Fax: [82](43) 833 2550.
Email: info@ kr. dhamma. org
Website: www. kr. dhamma. org

Malaysia(马来西亚)
Dhamma Malaya
Opposite University Malaysia Pahang
Persiaran Gambang Perdana
26300 Gambang, Kuantan, Pahang, Malaysia
Contact: Malaysia Vipassana Meditation Society (MVMS)
No. 30A, Jalan SM12, Taman Sri Manja, Off. Jalan Klang Lama, Batu 6 1/2, 46000 Petaling Jaya, Selangor, Malaysia.
Tel/Fax: [60](03) 7785 1218
Email: info@ malaya. dhamma. org
Website: www. malaya. dhamma. org

Myanmar(缅甸)

Yangon Vipassana Centre
Dhamma Joti
Wingaba Yele Kyaung, Nga Htat Gyi Pagoda Rd., Bahan Township, Yangon, Myanmar.
Tel: [95](01) 549 290, 546 660
Email: info@ joti. dhamma. org

Website：www. joti. dhamma. org
Office：No. 77，Shwe Bon Tha Street，Yangon，Myanmar
Fax：[95](01) 248 174

Dhamma Mandala

Yaytagun Hill，Mandalay，Myanmar
Contact：Dr. Mya Maung，House No. 33，25th St，(Between 81 and 82nd St.)，Mandalay，Myanmar
Tel：[95](02) 57 655
Email：info@ mandala. dhamma. org
Website：www. mandala. dhamma. org

Dhamma Mandapa

Near Mandalay Arts & Science University，Bhamo Monastic Compound 39th St.，Mahar Aung Mye Tsp.，Mandalay，Myanmar
Tel：[95](02) 802 3913，697 0173
Email：info@ mandala. dhamma. org
Website：www. mandala. dhamma. org

Dhamma Ratana

Oak Pho Monastery，Myoma Quarter，Mogok，Myanmar
Mobile：[95](09) 697 0840
Email：gemmogok @ myanmar. com. mm

Nepal(尼泊尔)

Nepal Vipassana Centre，

Dharmashringa

PO. Box No. 12896，Budhanilkanth，Muhan Pokhari，Kathmandu，Nepal
Tel：[977](01) 4371 655，4371 007
City Office：Jyoti Bhawan，Kantipath，GPO Box 133 Kathmandu
Tel：[977](01) 4250581
Fax：[977](01) 4224 720
Email：info@ shringa. dhamma. org
Website：www. np. dhamma. org

Lumbini Vipassana Centre

Dhamma Janani

Near Lumbini Peace Flame，Rupandehi，Lumbini Zone，Nepal
Tel：[977](071) 580282
Email：info@ janani. dhamma. org

Birganj Vipassana Centre

Dhamma Tarai

Parwanipur Parsa，Nepal
Tel：[977](51) 522 092，580 054
Fax：[977](051) 580 056，522 086
Email：info@ tarai. dhamma. org

Purwanchal Vipassana Centre

Dhamma Birata

Purwanchal Vipassana Centre，Phulbari Tole，South of Bus Park，Ithari – 7，Sunsari，Nepal
Tel：[977](25) 585 521，[977](21) 525 486
Email：info@ birata. dhamma. org

Philippines(菲律宾)

Contact：Angelita D. Walker，RSCJ/ Rose F. Scott
26 Nova Scotia Street
Loyola Grand Villas，Quezon City
Philippines 1105
Tel：[63](02) 639 3047，(917) 800 4464 (Mobile)，(916) 970 8578
Email：info@ ph. dhamma. org

Singapore(新加坡)

Vipassana Singapore
Block 10，Ubi Crescent #04 – 70，
Lobby D Ubi Techpark，Singapore

408564
Tel：[65] 9011 9432
Fax：[65] 6749 1228
Email：info@ sg. dhamma. org
Website：www. sg. dhamma. org

Sri Lanka(斯里兰卡)

Dhamma Kuta

Mowbray Galaha Rd. ; Hindagala; Peradeniya, Sri Lanka.
Tel：[94](081) 238 5774, (060) 280 0057
Fax：[94](081) 238 5774.
Email：info@ kuta. dhamma. org

Dhamma Sobha

Balika Vidyala Road
Kosgama
Sri Lanka
Tel：[94] (36) 225 – 3955
Email：info@ sobha. dhamma. org
Website：www. sobha. dhamma. org

Taiwan(中国台湾)

Taiwan Vipassana Center

Dhammodaya

No. 35, Lane 280, Chung-Ho Street, Section 2, Ta-Nan
P. O. Box 21, Hsin Sher, Taichung 426, Taiwan.
Tel：[886] (04) 2581 4265, 2582 3932
Fax：[886](04) 2581 – 1503
Email：info@ udaya. dhamma. org
Website：www. udaya. dhamma. org

Thailand(泰国)

Thailand Vipassana Centre

Dhamma Kamala

200 Baan Nern-Pasook (Behind Thai-Rath Vitaya 7 School), Tambol Dong-Kee-Lek, Amphur Muang, Prachinburi 25000, Thailand
Tel/Fax：[66](037) 403 515
Email：info@ kamala. dhamma. org

Dhamma Abha

138 Baan Huayplu, Tambon Kaengsopa, Amphur, Wangthong, Phitsanulok 65220, Thailand.
Tel：[66](55) 268 049
Email：info@ abha. dhamma. org,

Dhamma Suvanna

112 Moo 1, Tambon Ban-Kong, Nong-Rua District, Khon Kaen Province, 40240, Thailand
Email：info@ suvanna. dhamma. org

OCEANIA(大洋洲)

Australia (澳大利亚)

New South Wales

Vipassana Meditation Centre

Dhamma Bhumi

P. O. Box 103, Blackheath, NSW 2785
Tel：[61](02) 4787 7436
Fax：[61](02) 4787 7221
Email：info@ bhumi. dhamma. org
Website：www. bhumi. dhamma. org

Queensland

Vipassana Centre Queensland

Dhamma Rasmi

P. O. Box 119; Rules Rd. ; Pomona, QLD 4563
Tel：[61](07) 5485 2452

Fax: [61](07) 5485 2907
Email: info@ rasmi. dhamma. org
Website: www. rasmi. dhamma. org

Tasmania

Vipassana Meditation Centre Tasmania

Dhamma Pabha

G. P. O. Box 6, Hobart, Tasmaina 7001
Tel: [61](03) 6263 6785
Email: info@ pabha. dhamma. org
Website: www. pabha. dhamma. org

Victoria

Vipassana Centre Victoria

Dhamma Aloka

P. O. Box 11, Woori Yallock, VIC 3139
Tel: [61](03) 5961 5722
Fax: [61](03) 5961 5765
Email: info@ aloka. dhamma. org
Website: www. aloka. dhamma. org

Western Australia

Vipassana Foundation of Western Australia,

Dhamma Padipa

175 Railway Road, Subiaco WA 6008, Australia
Tel: [61](08) 9433 4858
Fax: (61)(08) 9388 9151
Email: info@ padipa. dhamma. org
Website: www. padipa. dhamma. org

New Zealand(新西兰)

Vipassana Meditation Centre

Dhamma Medini

Burnside Road, RD3 Kaukapakapa, Rodney District, New Zealand
Tel: [64](09) 420 5319
Fax: [64](09) 420 5320
Email: info@ medini. dhamma. org
Website: www. medini. dhamma. org

EUROPE(欧洲)

Belgium(比利时)

Vipassana Centrum,

Dhamma Pajjota

Driepaal 3, 3650 Dilsen-Stokkem, Belgium
Tel: [32](089) 518 230
Fax: [32](089) 518 239
Email: info@ pajjota. dhamma. org
Website: www. pajjota. dhamma. org

France(法国)

Centre Vipassana France

Dhamma Mahi

"Le Bois Plante", Louesme,
F – 89350 Champignelles, France
Tel: [33](0386) 457 514
Fax: [33](0386) 457 620
Email: info@ mahi. dhamma. org
Website: www. mahi. dhamma. org

Germany(德国)

Vipassana Zentrum,

Dhamma Dvara

Alte Straβe 6, 08606 Triebel, Deutschland
Tel: [49] 37434 – 79770
Fax: [49] 37434 – 79771
Email: info@ dvara. dhamma. org
Website: www. dvara. dhamma. org

Italy(意大利)

Centro Vipassana,

Dhamma Atala

Località Veriolo, Via Prov. le 12, Lutirano 50034 Marradi (FI)

Tel:[39] 055 804818

Fax: [39] 049 8591249

Email: info@ atala. dhamma. org

Website: www. atala. dhamma. org

Spain(西班牙)

Spain Vipassana Centre,

Dhamma Neru

Centro de Vipassana, Apartado Postal 29, Santa Maria de Palautordera 08460 Barcelona, Spain

Tel: [34](93) 848 2695.

Email: info@ neru. dhamma. org

Website: www. neru. dhamma. org

Switzerland(瑞士)

Swiss Vipassana Centre

Dhamma Sumeru

No. 140, CH-2610 Mont Soleil, Switzerland

Tel: [41](032) 941 1670

Fax: [41](032) 941 1650

Email: info@ sumeru. dhamma. org

Website: www. sumeru. dhamma. org

United Kingdom(英国)

Vipassana Centre,

Dhamma Dipa

Harewood End, Herefordshire, HR2 8JS, England, U. K.

Tel: [44](01989) 730 234

Fax: [44](01989) 730 450

Email: info@ dipa. dhamma. org

Website: www. dipa. dhamma. org

Sweden(瑞典)

Nordic Vipassana Centre

Dhamma Sobhana

Lyckebygården

599 93 Ödeshög, Sweden

Tel: [46](0) 143 - 211 - 36

Email: registration @ sobhana. dhamma. org

Website: www. sobhana. dhamma. org

NORTH AMERICA(北美洲)

Canada(加拿大)

British Columbia

Vipassana Meditation Centre of B. C.

Dhamma Surabhi

P. O. Box 699, Merritt, B. C. V1K 1B8, Canada

Tel: [1](0250) 378 4506

Email: info@ surabhi. dhamma. org

Website: www. surabhi. dhamma. org

Ontario

Ontario Vipassana Centre

Dhamma Torana

6486 Simcoe County Road 56, RR # 1, Egbert, Ontario, Canada L0L 1N0

Tel: [1](0705) 434 9850

Email: info@ torana. dhamma. org

Website: www. torana. dhamma. org

Quebec

Quebec Vipassana Meditation Centre

Dhamma Suttama

P. O. Box 1055, Sutton (Quebec) J0E 2K0, Canada

Tel: [1](0514) 481 3504

Fax: 879 3437 (Reg), 879 8302 (Admin)

Email: info@ suttama. dhamma. org
Website: www. suttama. dhamma. org

United States(美国)

California

California Vipassana Center
Dhamma Mahavana
P. O. Box 1167; North Fork, CA 93643
Tel: [1](0559) 877 4386
Fax: [1](0559) 877 4387
Email: info@ mahavana. dhamma. org
Website: www. mahavana. dhamma. org

Illinois

Illinois Vipassana Center
Dhamma Pakasa
Street Address: 10076 Fish Hatchery Road, Pecatonica, IL 61063, USA
Tel: [1](0815) 489 0420
Fax: [1](0360) 283 7068
Email: info@ pakasa. dhamma. org
Website: www. pakasa. dhamma. org

Massachusetts

Vipassana Meditation Center
Dhamma Dhara
386 Colrain-Shelburne Road; Shelburne Falls, MA 01370
Tel: [1](0413) 625 2160
Fax: [1](0413) 625 2170
Email: info@ dhara. dhamma. org
Website: www. dhara. dhamma. org

Texas

Southwest Vipassana Center
Dhamma Siri
Street address: 10850 County Road 155 A Kaufman, TX 75142, USA
Mailing address: P. O. Box 190248, Dallas, TX 75219, USA
Tel: [1](0972) 932 7868
Fax: [1](0972) 962 8858
Email: info@ siri. dhamma. org
Website: www. siri. dhamma. org

Washington

Northwest Vipassana Center
Dhamma Kunja
445 Gore Road, Onalaska, WA 98570
Tel: [1](0360) 978 5434
Fax: [1] (0360) 978 5433, 242 5988
Email: info@ kunja. dhamma. org
Website: www. kunja. dhamma. org

CENTRAL/SOUTH AMERICA (中美/南美洲)

Argentina(阿根廷)

Dhamma Sukhada
Buenos Aires, Argentina
Email: info@ sukhada. dhamma. org

Brazil(巴西)

Centro de Meditacao Vipassana
Dhamma Santi
Miguel Pereira, Brazil
Tel: [55](024) 2468 1188
Reg & Info: Vipassana Brasil
Tel: [55](021) 2221 4985
Email: info@ santi. dhamma. org
Website: www. santi. dhamma. org

Chile(智利)

Dhamma Acala
Laguna Verde, Chile
Email: info@ cl. dhamma. org

Mexico(墨西哥)

Centro de Meditación Vipassana

Dhamma Makaranda

Valle de Bravo, Mexico
Tel: [52](0726) 1 032017
Reg & Info: Vipassana Mexico,
P. O. Box 202, 62520 Tepoztlan, Morelos.
Tel/Fax: [52](0739) 395 2677
Email: info@ makaranda. dhamma. org
Website: www. makaranda. dhamma. org

Venezuela(委内瑞拉)

Venezuela Vipassana Center

Dhamma Mariyada

Near Merida City, Venezuela
Email: info@ mariyada. dhamma. org

SOUTH AFRICA(南非)

Vipassana Association of South Africa

Dhamma Pataka

(Rustig) Brandwacht, Worcester, 6850
P. O. Box 1771, Worcester 6849
South Africa
Tel: [27](023) 347 5446, (021) 761 2608
Fax: [27](023) 347 5411
Email: info@ pataka. dhamma. org
Website: www. pataka. dhamma. org